Curso

SE05

La diferencia entre aprobar
y sacar plaza

Técnico/a Superior de Laboratorio de Diagnóstico Clínico

SERVICIO ARAGONÉS DE SALUD

MATERIA ESPECÍFICA

Si aún no dispones de tu **Curso MAD360**, te ofrecemos un acceso GRATIS de 30 días para que disfrutes de los siguientes recursos:

- Técnicas de Memoria 360.
- MADTEST: Test *online* Nivel PRO.
- Temario en formato digital.
- Planificación de estudio.
- Foro entre opositores hasta la fecha del examen.*
- Recursos y novedades exclusivas.
- Consúltanos sobre tu oposición y proceso selectivo.
- Actualizaciones legislativas (Boletines Oficiales) hasta 60 días antes de la fecha del examen.*

Para acceder a esta prueba del Curso MAD360** será necesaria la compra de todos los libros para esta especialidad de la edición 2025.

Regístrate en **mad.es/iniciar-sesion** y en la pestaña BIBLIOTECA valida los códigos que encuentras en la última página de tus libros.

AF212357

NOTA IMPORTANTE:

* Examen de esta categoría profesional correspondiente a la convocatoria publicada en el BOA núm. 72, de 14 de abril de 2025, o hasta el 30 de junio de 2026, lo que se cumpla antes, y previa renovación del servicio.

** El acceso al CURSO MAD360 estará disponible desde junio de 2025 (algunos recursos podrían estar disponibles en fecha posterior). Tendrá una duración de 30 días RENOVABLES mediante pago, desde la validación de códigos, o hasta el 31 de diciembre de 2026, lo que se cumpla antes.

MAD se reserva el derecho a ampliar dichas fechas.

Técnico/a Superior de Laboratorio de Diagnóstico Clínico del Servicio Aragonés de Salud

Mayo 2025

Técnico/a Superior de Laboratorio de Diagnóstico Clínico del Servicio Aragonés de Salud

Test de temario

Autores

CARMEN SILVA GARCÍA
Diplomada Universitaria en Enfermería
Técnico Especialista en Laboratorio

M.ª JOSÉ GARCÍA BERMEJO
Licenciada en Biología
Técnico Especialista en Laboratorio

JUAN MANUEL GIL RAMOS
Licenciado en Medicina

HERMINIA ANDRADES ROMERO
Diplomada en Fisioterapia

© 7 Editores Recursos para la Cualificación Profesional y el Empleo, S.L. (7 Editores)
© Los autores
Primera edición, mayo 2025 (252 páginas)
Derechos de edición reservados a favor de 7 Editores
IMPRESO EN ESPAÑA
Diseño Portada: 7 Editores
Edita: 7 Editores
Avda. San Francisco Javier, 9 · Edificio Sevilla 2 · Planta 11 · Módulos 25-27 · 41018 Sevilla
Teléfono: 954 784 411 · WEB: www.mad.es · e-mail: administracion@7editores.com
ISBN: 978-84-142-9522-9
© "Editorial Mad" y "Eduforma" son nombres comerciales registrados de
7 Editores Recursos para la Cualificación Profesional y el Empleo, S.L.

Índice

TEST MATERIA ESPECÍFICA

TEST MATERIA ESPECÍFICA

Riesgos derivados del manejo de sustancias químicas y aparataje en el laboratorio clínico. Enfermedades profesionales. Asepsia y esterilización. Manejo de materiales estériles. Conceptos: sepsis, asepsia, esterilización y desinfección

1. ¿Qué objetivo tienen las Normas de Seguridad Biológica en un laboratorio?

a) Reducir la necesidad de personal.
b) Reducir el riesgo inherente a la manipulación de material peligroso.
c) Mejorar la productividad del laboratorio.
d) Aumentar la inversión en infraestructura.

2. Según el Real Decreto 664/1997, ¿qué agente biológico pertenece al grupo 1?

a) Aquellos que pueden causar enfermedad grave en humanos.
b) Aquellos que presentan poco riesgo de causar enfermedades en humanos.
c) Aquellos que tienen tratamiento o profilaxis disponible.
d) Aquellos que se propagan fácilmente a la colectividad.

3. ¿Cuál de los siguientes es un factor de riesgo en el laboratorio?

a) El equipo de laboratorio adecuado.
b) La formación continua del personal.
c) La falta de orden y limpieza.
d) El uso de manuales de seguridad.

4. ¿Qué es una condición de trabajo según la Ley de Prevención de Riesgos Laborales?

a) El salario del empleado.
b) Las características que influyen en la generación de riesgos para la seguridad y salud.
c) Las evaluaciones de desempeño laboral.
d) Las pausas laborales obligatorias.

5. ¿Qué medidas deben tomarse para minimizar los riesgos en el laboratorio?

a) Incrementar el horario laboral.
b) Facilitar información sobre peligrosidad de sustancias.
c) Reducir la inversión en mantenimiento.
d) Eliminar la formación en seguridad.

6. ¿Qué es un agente biológico según el Real Decreto 664/1997?

a) Cualquier sustancia química nociva para la salud.
b) Un microorganismo capaz de causar infecciones, alergias o toxicidad.
c) Cualquier producto químico que se utilice en un laboratorio.
d) Un equipo de laboratorio que emite radiación.

7. ¿Qué nivel de contención se aplica para agentes biológicos del grupo 3?

a) Nivel 1.
b) Nivel 2.
c) Nivel 3.
d) Nivel 4.

8. ¿Cuál es una medida de contención recomendada en laboratorios que manejan agentes biológicos de riesgo?

a) Uso de cabinas de seguridad biológica.
b) El uso de equipos comunes sin protección.
c) Ventanas y puertas abiertas en el laboratorio.
d) No usar guantes ni protección facial.

9. ¿Qué barrera primaria es fundamental en el manejo de materiales biológicos peligrosos?

a) Supervisión de un encargado.
b) Uso de guantes y equipo de protección personal.
c) Supervisión electrónica constante.
d) Instalación de cámaras de seguridad.

10. ¿Cuál de las siguientes afirmaciones describe correctamente el concepto de asepsia en el entorno clínico?

a) Uso de productos químicos para destruir microorganismos sobre la piel.
b) Aplicación de material desinfectado para reducir la flora bacteriana.
c) Conjunto de técnicas que aseguran la ausencia de microorganismos en materiales o seres vivos, mediante agentes físicos.
d) Técnica de limpieza de superficies visibles con soluciones antisépticas.

11. ¿Qué afirmación describe correctamente el proceso de desinfección aplicado al material sanitario?

a) Elimina todos los microorganismos, incluidas esporas bacterianas.
b) Consiste en la esterilización de objetos clínicos mediante calor seco.
c) Es un proceso químico que destruye la flora transitoria de la piel.
d) Es un procedimiento que elimina o inactiva microorganismos patógenos, pero no destruye esporas.

12. ¿Cuál de las siguientes técnicas de desinfección consiste en formar un aerosol de gotas microscópicas que permanecen suspendidas en el aire?

a) Pulverización.
b) Vaporización.
c) Brumas o aerosoles.
d) Inmersión.

13. ¿Qué agente biológico del grupo 2 tiene una vacuna eficaz disponible?

a) *Virus de la hepatitis C.*
b) *Bordetella pertussis.*
c) *Clostridium difficile.*
d) *Yersinia pestis.*

14. ¿Cuál es una de las principales fuentes de exposición a agentes biológicos en el laboratorio?

a) La inhalación de aerosoles contaminados.
b) El contacto visual con las muestras.
c) El uso de batas no esterilizadas.
d) Los derrames de líquidos esterilizados.

15. ¿Qué tipo de control de acceso es necesario en laboratorios de nivel de contención 3?

a) Ningún control de acceso específico.
b) Acceso solo al personal designado.
c) Acceso libre a todo el personal del laboratorio.
d) Entrada restringida únicamente a los técnicos de mantenimiento.

16. ¿Qué medida debe tomarse al limpiar derrames de materiales biológicos peligrosos?

a) Limpiarlos inmediatamente sin protección.
b) Informar al supervisor y proceder con medidas de desinfección.

c) Esperar a que el material se seque para limpiarlo.
d) Usar solo agua y jabón para la limpieza.

17. ¿Qué tipo de aire debe utilizarse en los sistemas de ventilación de laboratorios de nivel 4?

a) Aire recirculado sin filtración.
b) Aire filtrado mediante filtros HEPA.
c) Aire acondicionado estándar.
d) Aire sin ningún tipo de control.

18. ¿Cuál es el peligro principal del uso de autoclaves en laboratorios?

a) La posibilidad de que no eliminen todos los patógenos.
b) El riesgo de explosiones si no se siguen las precauciones adecuadas.
c) La dificultad para operar el equipo.
d) La necesidad de revisar constantemente el equipo.

19. ¿Qué grupo del cuadro de enfermedades profesionales aprobado por el Real Decreto 1299/2006 incluye las causadas por agentes biológicos?

a) Grupo 1.
b) Grupo 2.
c) Grupo 3.
d) Grupo 6.

20. ¿Qué tipo de cabina de seguridad biológica se recomienda para trabajos con agentes biológicos del grupo 3?

a) Cabina de seguridad clase I.
b) Cabina de seguridad clase II.
c) Cabina de seguridad sin filtración.
d) Cabina de seguridad clase IV.

Solución al test n.º 11

1. b) Reducir el riesgo inherente a la manipulación de material peligroso.

2. b) Aquellos que presentan poco riesgo de causar enfermedades en humanos.

3. c) La falta de orden y limpieza.

4. b) Las características que influyen en la generación de riesgos para la seguridad y salud.

5. b) Facilitar información sobre peligrosidad de sustancias.

6. b) Un microorganismo capaz de causar infecciones, alergias o toxicidad.

7. c) Nivel 3.

8. a) Uso de cabinas de seguridad biológica.

9. b) Uso de guantes y equipo de protección personal.

10. c) Conjunto de técnicas que aseguran la ausencia de microorganismos en materiales o seres vivos, mediante agentes físicos.

11. d) Es un procedimiento que elimina o inactiva microorganismos patógenos, pero no destruye esporas.

12. c) Brumas o aerosoles.

13. b) *Bordetella pertussis*.

14. a) La inhalación de aerosoles contaminados.

15. b) Acceso solo al personal designado.

16. b) Informar al supervisor y proceder con medidas de desinfección.

17. b) Aire filtrado mediante filtros HEPA.

18. b) El riesgo de explosiones si no se siguen las precauciones adecuadas.

19. c) Grupo 3.

20. b) Cabina de seguridad clase II.

TEST N.º 12

Calidad y seguridad del paciente: conceptos generales de calidad, aplicación de sistemas de gestión de la calidad en el laboratorio clínico. Normas de calidad en el laboratorio: acreditación y certificación. Fuentes de error en el laboratorio clínico

1. ¿Qué implica el concepto de eficiencia en el sistema sanitario?

a) Lograr resultados con el mínimo uso de recursos.
b) Utilizar más recursos para asegurar resultados.
c) Reducir la calidad para ahorrar costos.
d) Aumentar el gasto sin importar los resultados.

2. ¿Qué dimensión de la calidad se refiere a la capacidad de los servicios para mejorar el estado de salud de los pacientes?

a) Eficiencia.
b) Eficacia.
c) Equidad.
d) Continuidad.

3. ¿Qué aspecto se evalúa en la dimensión de "seguridad" en la calidad asistencial?

a) La satisfacción del paciente.
b) La minimización de riesgos y errores en la atención sanitaria.
c) La accesibilidad a los servicios.
d) El nivel de confort del paciente.

4. ¿Qué término se utiliza para describir la relación entre el costo de los recursos utilizados y los resultados obtenidos?

a) Eficacia.
b) Aceptabilidad.
c) Eficiencia.
d) Continuidad.

5. En un sistema de gestión de la calidad, el documento que especifica la política de calidad, los objetivos de la organización, la gestión del equipamiento, fungibles, política medioambiental, etc., que debe de hacerse en el laboratorio, se conoce como:

a) Plan de calidad.
b) Manual de calidad.
c) Guía de calidad.
d) Procedimientos de calidad.

6. ¿Cómo denominamos al conjunto de operaciones que permiten que un equipo o sistema de medida esté en perfectas condiciones de uso?

a) Mantenimiento.
b) Calibración.
c) Verificación.
d) Corrección.

7. ¿Cuál es el marco jurídico de la calidad de los laboratorios clínicos?

a) ISO 17000.
b) ISO 15189.
c) ISO 9000.
d) ISO 1400.

8. Un PNT:

a) Es un procedimiento normalizado de trabajo.
b) Formaliza los métodos relativos a los procesos analíticos.
c) Son procedimientos operativos de los procesos para la realización de los servicios en sus fases preanalítica, analítica y posanalitica.
d) Todas son correctas.

9. Señala el enunciado correcto en relación con las recomendaciones a considerar por los usuarios de los PNT:

a) Los PNT son documentos escritos que describen la secuencia específica de operaciones y métodos que deben aplicarse en el laboratorio para una finalidad determinada.
b) Los PNT deben estar siempre disponibles.
c) Todo el personal conoce la ubicación de los PNT que debe aplicar.
d) Todas son correctas.

10. ¿Cuál de los siguientes enunciados no corresponde con alguno de los atributos que debe tener un indicador para que sea considerado como bueno?

a) Sensibilidad.
b) Fiabilidad.

c) Validez.
d) Eficacia

11. La ENAC (Entidad Nacional de Acreditación) define las desviaciones del proceso analítico como:

a) Cualquier incumplimiento de los requisitos de certificación.
b) Cualquier incumplimiento de los requisitos de acreditación.
c) Cualquier incumplimiento de los requisitos de normalización.
d) Cualquier causa de incidencia.

12. ¿Cuál de las norma ISO definen la "mejora de la calidad"?

a) ISO 17500.
b) ISO 8402.
c) ISO 9001.
d) ISO 3000.

13. El Sistema de Calidad del Laboratorio, como todos los Sistemas de Gestión de Calidad se basan en los términos PDCA: planificar, hacer, verificar y actuar; que se recogen en la ISO 9000 y corresponden a:

a) Las reglas de Westgard.
b) Ciclo de Deming.
c) Diagrama de Pareto.
d) Diagrama de Scadter.

14. Cuando una institución realiza una evaluación basada en la revisión de los procedimientos registrados, ¿cómo se le denomina?

a) Auditoría.
b) Acreditación.
c) Inspección.
d) Asesoría.

15. La organización internacional de Normalización es:

a) ISO.
b) Es una organización no gubernamental.
c) Su sede central está en Ginebra.
d) Todas son correctas.

16. Las Normas ISO internacionales son distribuida oficialmente en España por:

a) AENOR.
b) JCIA.

c) ISO.
d) CEN.

17. ¿Qué conjunto de normas establecen las características que debe tener el Sistema de Gestión de Calidad (SGC)?

a) ISO 1700.
b) ISO 2000.
c) ISO 9000.
d) ISO 4000.

18. Señala lo correcto respecto a las normas ISO 9000:

a) La certificación consiste en testificar que un producto o servicio se ajusta a determinadas normas.
b) La certificación ISO otorga con base a unas normas elaboradas por la *International Office of Standards*.
c) Esta Norma Internacional promueve la adopción de un enfoque basado en procesos.
d) Todas son correctas.

19. El proceso por el cual un organismo autorizado evalúa, verifica y reconoce formalmente que una entidad es competente para realizar unas tareas específicas se denomina:

a) Acreditación.
b) Licenciatura.
c) Certificación.
d) Registro.

20. La norma ISO 22870:

a) Da requisitos específicos aplicables a los análisis junto al paciente.
b) Para sistemas de gestión de calidad aplicable a cualquier organización, independientemente del tipo, tamaño o producto que suministre.
c) Contiene todos los requisitos que los laboratorios clínicos que analizan muestras biológicas de origen humano tienen que cumplir.
d) Requisitos generales para las competencias de los laboratorios de prueba y calibración.

Solución al test n.º 12

1. a) Lograr resultados con el mínimo uso de recursos.

2. b) Eficacia.

3. b) La minimización de riesgos y errores en la atención sanitaria.

4. c) Eficiencia.

5. b) Manual de calidad.

6. a) Mantenimiento.

7. b) ISO 15189.

8. d) Todas son correctas.

9. d) Todas son correctas.

10. d) Eficacia.

11. b) Cualquier incumplimiento de los requisitos de acreditación.

12. b) ISO 8402.

13. b) Ciclo Deming.

14. a) Auditoría.

15. d) Todas son correctas.

16. a) AENOR.

17. c) ISO 9000.

18. d) Todas son correctas.

19. a) Acreditación.

20. a) Da requisitos específicos aplicable a los análisis junto al paciente.

TEST N.º 13

Responsabilidad civil y aspectos éticos del trabajo del Técnico Especialista en Laboratorio. Confidencialidad de la información. Protección de datos de carácter personal y aplicaciones informáticas en los laboratorios clínicos

1. Un profesional sanitario que origina un daño con intencionalidad comete un delito:

a) Culposo.
b) Doloso.
c) Administrativo.
d) Civil.

2. La noción de culpa puede ser descrita como:

a) Una voluntaria omisión del deber de cuidado que debe ser observado por todo hombre medianamente prudente y diligente en el desenvolvimiento y desarrollo de actividad social estimada como peligrosa.
b) El aprovechamiento de los conocimientos de Medicina para cometer un delito, o realización de algún acto dentro del ejercicio profesional pero prohibido por las leyes.
c) Reproche efectuado a un sujeto por haber realizado voluntariamente un hecho que supone la infracción de una norma objetiva de cuidados, destinada a proteger un bien jurídico que, en definitiva, resultó lesionado.
d) Ninguna es cierta.

3. La imprudencia se sanciona como delito cuando es:

a) Leve.
b) Simple.
c) Temeraria.
d) Profesional.

4. ¿Cuál de las siguientes afirmaciones describe correctamente una característica de un sistema LIMS?

a) Es un sistema exclusivamente utilizado en laboratorios clínicos y forenses.
b) Su función principal es la visualización de resultados médicos sin gestión de datos.

c) Es un sistema dinámico que permite gestionar flujos de trabajo, seguimiento de datos e intercambio de información en entornos regulados.

d) No se puede integrar con otros sistemas informáticos ni equipos de laboratorio.

5. ¿Cuál de las siguientes fases forma parte de las operaciones básicas de un sistema LIMS?

a) Control exclusivo del equipamiento informático del laboratorio.

b) Emisión automática de recetas médicas.

c) Recepción, procesamiento y control de calidad de muestras.

d) Gestión de recursos humanos en el laboratorio.6. La responsabilidad civil conlleva:

6. La responsabilidad civil conlleva:

a) La anulación de la relación contractual.

b) La incapacitación del condenado por un tiempo o de forma definitiva si así se estipula.

c) El pago monetario por un daño que puede ser valorado e indemnizado.

d) Rebasar el ilícito civil que se concreta en una responsabilidad de daños y perjuicios.

7. Según el Código Civil solo hay contrato cuando ocurren una serie de circunstancias entre las que no se encuentra:

a) Consentimiento de los contratantes.

b) Objeto cierto que sea materia de contrato.

c) Causa de la obligación que se establezca.

d) Una relación de causalidad entre la acción u omisión y el daño.

8. Es una ventaja de la culpa extracontractual:

a) Carga de la prueba: el que reclama debe demostrarlo todo.

b) Ámbito público.

c) Prescripción: 15 años.

d) Se exige la diligencia del «buen padre de familia».

9. No es una causa excluyente de responsabilidad civil sanitaria:

a) Caso fortuito.

b) Culpa del paciente.

c) Capacidad del agente.

d) Intervención de un tercero.

10. Ante una culpa o negligencia es necesario:

a) La existencia de una acción u omisión que pueda ser considerada como falta.

b) Que se derive un resultado lesivo o dañoso.

c) Que exista una relación de causalidad entre la acción y el resultado.
d) Todas son ciertas.

11. En cuanto a los criterios de la jurisprudencia en materia de responsabilidad civil el Tribunal Supremo establece una serie de criterios entre los que no está:

a) No es aplicable a la actuación profesional del médico y sanitario la presunción de culpa, como tampoco lo es la inversión de la carga la prueba.
b) La responsabilidad del médico deriva no tanto por conductas penalmente negligentes sino por la falta de una adecuada información al paciente sobre las consecuencias y riesgos de un determinado tratamiento.
c) La obligación del facultativo es de resultados, no de medios.
d) Incumbe al perjudicado probar la culpa del médico o sanitario demandado.

12. ¿Qué principio del tratamiento de datos personales establece que deben ser adecuados, pertinentes y limitados a lo necesario?

a) Principio de exactitud.
b) Principio de limitación de la finalidad.
c) Principio de minimización de datos.
d) Principio de licitud, lealtad y transparencia.

13. ¿Cuál de las siguientes opciones refleja correctamente el principio de transparencia en el tratamiento de datos según la LO 3/2018?

a) Consiste en limitar el uso de los datos a lo estrictamente necesario.
b) Obliga a la destrucción inmediata de los datos inexactos.
c) Garantiza que el interesado reciba información clara y accesible sobre el tratamiento de sus datos, incluso mediante iconos normalizados.
d) Permite el tratamiento de datos personales sin necesidad de consentimiento informado.

14. Se considera el origen de los derechos humanos y del derecho a la salud:

a) El principio de beneficencia.
b) El principio de autonomía.
c) El principio de justicia.
d) El principio de maleficencia.

15. El código ético de un técnico de laboratorio debe tener unos principios entre los que no encontramos:

a) Respeto hacia los pacientes.
b) Cumplir con el plan de trabajo señalado.
c) Respeto a las jefaturas de los servicios.
d) Actuar de forma acorde con nuestra ética moral.

16. La deontología trata de:

a) La conducta de acuerdo con sus costumbres.
b) Las acciones en virtud de su bondad o malicia.
c) Los deberes.
d) Acción en busca del bien.

17. Entre los aspectos éticos del trabajo del Técnico Especialista en Laboratorio no se encuentra:

a) No ejercerá su profesión en condiciones que comprometan gravemente la calidad de su trabajo.
b) Los Técnicos compartirán con sus compañeros, sin ninguna reserva profesional, los conocimientos técnicos y científicos que posean.
c) Todo Técnico en Laboratorio está obligado a velar por el prestigio de la institución en que trabaja.
d) El Técnico en Laboratorio ha de velar por el cuidado de sus compañeros, anulando el derecho a la intimidad del paciente.

18. El secreto profesional sanitario es:

a) La obligación permanente de silencio que contrae el sanitario respecto a todo lo sabido o intuido sobre una o más personas en el transcurso de su relación profesional.
b) Aquello que debe permanecer oculto a los demás y sobre lo que hay que guardar sigilo.
c) La obligación de no revelar lo conocido que contrae quien ha llegado a saberlo de forma justa o injusta.
d) Todas son ciertas.

19. El secreto profesional tiene una vigencia temporal de:

a) 2 años.
b) 5 años.
c) Mientras permanezca la relación paciente–profesional.
d) Durante toda la vida del profesional, incluso después de fallecer el paciente.

20. Desde el punto de vista moral existe el deber de guardar el secreto:

a) Cuando pueda producir resultados nocivos sobre el paciente.
b) Cuando pueda producir resultados beneficiosos sobre el paciente.
c) Cuando van en contra de nuestras normas éticas.
d) No existe un punto de vista moral sobre el secreto profesional.

Solución al test n.º 13

1. b) Doloso.

2. a) Una voluntaria omisión del deber de cuidado que debe ser observado por todo hombre medianamente prudente y diligente en el desenvolvimiento y desarrollo de actividad social estimada como peligrosa.

3. c) Temeraria.

4. c) Es un sistema dinámico que permite gestionar flujos de trabajo, seguimiento de datos e intercambio de información en entornos regulados.

5. c) Recepción, procesamiento y control de calidad de muestras.

6. c) El pago monetario por un daño que puede ser valorado e indemnizado.

7. d) Una relación de causalidad entre la acción u omisión y el daño.

8. b) Ámbito público.

9. c) Capacidad del agente.

10. d) Todas son ciertas.

11. c) La obligación del facultativo es de resultados, no de medios.

12. c) Principio de minimización de datos.

13. c) Garantiza que el interesado reciba información clara y accesible sobre el tratamiento de sus datos, incluso mediante iconos normalizados.

14. b) El principio de autonomía.

15. d) Actuar de forma acorde con nuestra ética moral.

16. c) Los deberes.

17. d) El Técnico en Laboratorio ha de velar por el cuidado de sus compañeros, anulando el derecho a la intimidad del paciente.

18. a) La obligación permanente de silencio que contrae el sanitario respecto a todo lo sabido o intuido sobre una o más personas en el transcurso de su relación profesional.

19. d) Durante toda la vida del profesional, incluso después de fallecer el paciente.

20. a) Cuando pueda producir resultados nocivos sobre el paciente.

TEST N.º 14

Gestión de los residuos sanitarios generados en el laboratorio clínico: clasificación, transporte, eliminación y tratamiento. Normativa vigente

1. ¿En qué caso es de aplicación la Ley 7/2022, de 8 de abril, de residuos y suelos contaminados para una economía circular?

a) Suelos contaminados.
b) Residuos radiactivos.
c) Los explosivos desclasificados.
d) Todas las respuestas son correctas.

2. ¿Cuál de los siguientes es un biorresiduo?

a) Residuos biodegradables vegetales.
b) Residuos de industrias en las que se transforman alimentos.
c) Restos de comidas de los servicios de restauración colectiva.
d) Todas las respuestas son correctas.

3. Según la Ley 7/2022, de 8 de abril, de residuos y suelos contaminados para una economía circular, un poseedor de residuos es:

a) Una instalación de almacenamiento en el ámbito de la recogida de una entidad local, donde se recogen de forma separada los residuos domésticos.
b) El productor de residuos u otra persona física o jurídica que esté en posesión de residuos.
c) Cualquier persona física o jurídica que desarrolle, fabrique, procese, trate, llene, venda o importe productos de forma profesional, con independencia de la técnica de venta utilizada en su introducción en el mercado nacional.
d) Persona encargada de desempeñar los cometidos previstos en la ley, que designen, en su ámbito respectivo de competencias.

4. ¿Con qué siglas se nombran a los residuos que, generalmente liberando oxígeno, pueden provocar o facilitar la combustión de otras sustancias?

a) HP 2.
b) HP 7.
c) HP 8.
d) HP 9.

5. ¿Qué ley deroga la Ley 7/2022, de 8 de abril, de residuos y suelos contaminados para una economía circular?

a) La Ley 37/2009, de 17 de enero, de residuos y suelos contaminados.
b) La Ley 33/2010, de 9 de abril, de residuos y suelos contaminados.
c) La Ley 5/2011, de 30 de septiembre, de residuos y suelos contaminados.
d) La Ley 22/2011, de 28 de julio, de residuos y suelos contaminados.

6. La Ley 7/2022, de 8 de abril, de residuos y suelos contaminados para una economía circular, no es aplicable a:

a) Los explosivos desclasificados.
b) Los suelos contaminados.
c) Los productos fabricados con plástico oxodegradable.
d) Los artes de pesca que contienen plásticos.

7. ¿Qué consideración otorga la Ley 7/2022, de 8 de abril, a los animales domésticos muertos y los vehículos abandonados?

a) Residuos industriales.
b) Residuos domésticos.
c) Residuos comerciales.
d) Residuos municipales.

8. ¿Cómo define la Ley 7/2022, de 8 de abril, a cualquier sustancia u objeto que su poseedor deseche o tenga la intención o la obligación de desechar?

a) Resto.
b) Sobrante.
c) Despojo.
d) Residuo.

9. ¿Qué forma tiene el símbolo de reciclaje?

a) Tres flechas giradas para formar un anillo.
b) Una persona tirando algo a un contenedor.
c) Un triángulo con una C en su interior.
d) Un contenedor de basura tachado.

10. ¿Quién debe dar la autorización previa del procedimiento a seguir de elimi-nación de residuos sanitarios no contemplados en el Decreto 29/1995 de la Comu-nidad Autónoma de Aragón (modificado por Decreto 52/1998)

a) El Departamento de Medio Ambiente.
b) Gobierno de la Comunidad.
c) Consejería de Salud.
d) Consejería de Industria.

11. ¿Qué residuos requieren generalmente de neutralizantes químicos?

a) Citostáticos.
b) Radiactivo.
c) Infecciosos.
d) Urbanos.

12. ¿Cuál la empresa pública autorizada en manipulación y tratamiento de residuos radiactivos?

a) CSN.
b) ENRESA.
c) CIEMAT.
d) UNSCEAR.

13. ¿A qué grupo pertenecen los residuos humanos como cadáveres, abortos, restos quirúrgicos… que regulados por el Reglamento de Policía Sanitaria Mortuo-ria (decreto 2263/1974)? Al grupo:

a) V.
b) IV.
c) VI.
d) III.

14. ¿Cómo se denomina la gestión de residuos que se lleva a cabo específica-mente en los Centros Sanitarios?

a) Extracentro.
b) Intracentro.
c) Hospitalaria.
d) Extrahospitalaria.

15. ¿A qué tipo de residuo se refiere el Decreto 29/1995, de 21 febrero de la Comunidad Autónoma de Aragón? Residuo…

a) Ganadero.
b) Agrícola.

c) Sanitario.
d) Industrial.

16. Según el Decreto 29/1995, de 21 febrero de residuos sanitarios en la Comunidad Autónoma de Aragón, los residuos incluidos en el Grupo II, residuos sanitarios no específicos, se depositarán en bolsas de color verde, de polietileno, con galga:

a) 150.
b) 25.
c) 69.
d) 225.

17. ¿Cuál es uno de los objetivos principales del Catálogo Aragonés de Residuos?

a) Eliminar todos los residuos industriales antes de 2030.
b) Permitir codificar los residuos según la Lista Europea de Residuos (LER).
c) Regular la quema de residuos orgánicos.
d) Autorizar la construcción de vertederos municipales.

18. ¿Qué operaciones podrán autorizarse de forma general según el catálogo?

a) Las operaciones de valorización R1 y eliminación D10.
b) Las incineraciones sin control.
c) La mezcla indiscriminada de residuos.
d) El vertido de residuos peligrosos.

19. ¿Qué información mínima debe incluir una solicitud de autorización para un tratamiento no contemplado en el catálogo?

a) Solo la cantidad del residuo.
b) Descripción del residuo y fotografía.
c) Datos técnicos del vehículo de transporte.
d) Cantidad, composición, estado, código del residuo y justificación técnica.

20. ¿Qué recomendación se da para la gestión domiciliaria de residuos en hogares con positivos por COVID-19?

a) Separarlos en bolsas negras.
b) Introducirlos en bolsas de papel.
c) Usar bolsas de fracción resto cerradas correctamente.
d) Entregarlos en farmacias.

Solución al test n.º 14

1. a) Suelos contaminados.

2. d) Todas las respuestas son correctas.

3. b) El productor de residuos u otra persona física o jurídica que esté en posesión de residuos.

4. a) HP 2.

5. d) La Ley 22/2011, de 28 de julio, de residuos y suelos contaminados.

6. a) Los explosivos desclasificados.

7. b) Residuos domésticos.

8. d) Residuo.

9. a) Tres flechas giradas para formar un anillo.

10. a) El Departamento de Medio Ambiente.

11. a) Citostáticos.

12. b) ENRESA.

13. b) IV.

14. b) Intracentro.

15. c) Sanitario.

16. c) 69.

17. b) Permitir codificar los residuos según la Lista Europea de Residuos (LER).

18. a) Las operaciones de valorización R1 y eliminación D10.

19. d) Cantidad, composición, estado, código del residuo y justificación técnica.

20. c) Usar bolsas de fracción resto cerradas correctamente.

TEST N.º 15

**Epidemiología de las enfermedades transmisibles.
Infección nosocomial: barreras higiénicas.
Consecuencia de las infecciones nosocomiales**

1. ¿Cuál es la definición de epidemiología propuesta por B. MacMahon y T.F. Pugh?

a) Ciencia que analiza la inmunidad celular.
b) Ciencia que estudia la frecuencia y distribución de enfermedades.
c) Conjunto de métodos para tratar enfermedades infecciosas.
d) Técnica de diagnóstico aplicada a poblaciones.

2. ¿Qué fin práctico tiene la epidemiología?

a) Reducción de errores sistemáticos.
b) Clasificación de enfermedades.
c) Evaluación de programas de salud.
d) Razonamiento diagnóstico.

3. En la etapa descriptiva del método epidemiológico, ¿qué acción se realiza primero?

a) Recolección de todos los hechos.
b) Tabulación de datos.
c) Observación del fenómeno.
d) Elaboración de hipótesis.

4. ¿Qué enfermedad requiere aislamiento entérico según el documento?

a) Rubéola.
b) Difteria.
c) Hepatitis A.
d) Tuberculosis.

5. ¿Qué porcentaje de IRAS respiratorias se observó según el EPINE 2024?

a) 20,13 %.
b) 24,85 %.
c) 12,55 %.
d) 9,58 %.

6. ¿Cuál es un componente de la cadena epidemiológica?

a) Glóbulo blanco.
b) Factor de riesgo.
c) Agente causal.
d) Periodo prodrómico.

7. ¿Cuál es una medida preventiva de grado I según Eickhoff?

a) Uso sistemático de desinfectantes.
b) Educación sanitaria.
c) Flujo laminar.
d) Lavado de manos.

8. ¿Cuál de los siguientes agentes pertenece al grupo biológico 4?

a) Legionella pneumophila.
b) Virus Ébola.
c) Brucella melitensis.
d) Neisseria meningitidis.

9. ¿Cuál es la vía de transmisión más frecuente de las enfermedades transmisibles?

a) Digestiva.
b) Cutánea.
c) Respiratoria.
d) Parenteral.

10. ¿Qué microorganismo es más frecuente en las infecciones urinarias nosocomiales?

a) Klebsiella pneumoniae.
b) Escherichia coli.
c) Pseudomonas aeruginosa.
d) Staphylococcus epidermidis.

11. ¿Qué se entiende por portador sano en epidemiología?

a) Persona que transmite una enfermedad sin presentar síntomas.
b) Persona curada que ya no transmite la enfermedad.
c) Persona que presenta síntomas leves.
d) Persona que ha sido vacunada recientemente.

12. ¿Cuál de las siguientes medidas pertenece a la prevención secundaria?

a) Vacunación.
b) Screening o cribado.
c) Rehabilitación funcional.
d) Aislamiento respiratorio.

13. ¿Cuál es el principal agente etiológico de la neumonía nosocomial?

a) Pseudomonas aeruginosa.
b) Herpes zóster.
c) Bacillus cereus.
d) Virus del sarampión.

14. ¿Qué enfermedad requiere aislamiento estricto?

a) Herpes simple labial.
b) Rubéola congénita.
c) Tuberculosis cutánea.
d) Sarampión leve.

15. ¿Cuál de las siguientes enfermedades tiene declaración obligatoria urgente?

a) Fiebre del Nilo Occidental.
b) Varicela común.
c) Herpes zóster.
d) Brucelosis crónica.

16. ¿Qué precaución es fundamental en el aislamiento de contacto?

a) Uso de mascarilla quirúrgica.
b) Lavado de manos y uso de guantes y bata.
c) Ventilación forzada del ambiente.
d) Desinfección aérea.

17. ¿Qué tipo de transmisión utiliza un vector biológico?

a) Contacto directo.
b) Transmisión aérea.
c) Transmisión indirecta.
d) Transmisión por gotas.

18. ¿Cuál es un factor de riesgo extrínseco para las IRAS?

a) Edad avanzada.
b) Diabetes mellitus.
c) Quimioterapia.
d) Sexo femenino.

19. ¿Qué microorganismo se asocia con infecciones en heridas quirúrgicas?

a) Staphylococcus aureus.
b) Streptococcus pneumoniae.
c) Escherichia coli.
d) Adenovirus.

20. ¿Qué característica presenta la etapa patogénica subclínica?

a) El paciente está completamente sano.
b) Ya existe lesión sin síntomas apreciables.
c) Los síntomas son floridos y evidentes.
d) Es cuando se realiza la rehabilitación.

Solución al test n.º 15

1. b) Ciencia que estudia la frecuencia y distribución de enfermedades.

2. c) Evaluación de programas de salud.

3. c) Observación del fenómeno.

4. c) Hepatitis A.

5. b) 24,85 %.

6. c) Agente causal.

7. d) Lavado de manos.

8. b) Virus Ébola.

9. c) Respiratoria.

10. b) Escherichia coli.

11. a) Persona que transmite una enfermedad sin presentar síntomas.

12. b) Screening o cribado.

13. a) Pseudomonas aeruginosa.

14. b) Rubéola congénita.

15. a) Fiebre del Nilo Occidental.

16. b) Lavado de manos y uso de guantes y bata.

17. c) Transmisión indirecta.

18. c) Quimioterapia.

19. a) Staphylococcus aureus.

20. b) Ya existe lesión sin síntomas apreciables.

TEST N.º 16

Recogida de muestras en el laboratorio de microbiología: sangre, líquidos corporales estériles, tejidos, etc. Muestras corporales obtenidas mediante procedimientos invasivos o quirúrgicos: líquido cefalorraquídeo, pleural, ascítico, sinovial, muestras del tracto respiratorio inferior, exudados del tracto respiratorio superior, etc.: Características generales y prevención de errores en la manipulación

1. ¿En qué se debe basar el diagnóstico de una patología con alteraciones analíticas?

a) En la historia clínica del paciente.
b) En los datos obtenidos de las muestras.
c) En la sintomatología presente en el momento de la extracción de la muestra.
d) En todo lo anterior.

2. Principalmente cuando pretendemos identificar la presencia de gérmenes en muestras biológicas estamos realizando un estudio:

a) Hematológico.
b) Inmunológico.
c) Microbiológico.
d) Bioquímico.

3. Para realizar la toma de una muestra de tejido:

a) Usaremos una jeringuilla heparinizada.
b) Usaremos una punción o raspado.
c) Usaremos una torunda.
d) Todas son ciertas.

4. Usaremos un tubo de boca estrecha:

a) En muestras dificultosas.
b) En muestras que generan muchos aerosoles.

c) En muestras que van en cultivo.

d) En muestras en las que queremos minimizar la contaminación.

5. Si queremos hacer una toma de muestra de una úlcera en una pierna usaremos:

a) Un frasco de boca ancha.

b) Un hisopo.

c) Un frasco de llenado por vacío.

d) Gasas impregnadas en medios de cultivo.

6 Antes de realizar la toma de muestra deberemos verificar:

a) Que tenemos todo el material.

b) Que la petición es correcta y está bien rellena.

c) Que el paciente ha sido preparado de forma oportuna.

d) Todas son ciertas.

7. En una toma de muestra que va a recoger el paciente deberemos:

a) Explicarle con palabras que entienda la forma correcta para realizarla y ofrecerle el material necesario.

b) Ayudar al paciente para que adopte la mejor posición para la realización de los procedimientos.

c) Si los procedimientos a realizar precisan descubrir zonas íntimas, cubrir adecuadamente al paciente y extremar las medidas de respeto y delicadeza para con las mismas.

d) Todas son correctas.

8. Si una muestra necesita una preparación determinada por parte del usuario deberemos:

a) Explicar qué prueba se le va a realizar.

b) Explicar la necesidad de la preparación y darle, a ser posible por escrito, las instrucciones necesarias para realizarla de forma correcta.

c) Hablar con él con antelación y proceder a su ingreso para que sea preparado en el área sanitaria, y así asegurarnos de que la preparación es la correcta.

d) No deberemos hacer nada.

9. La preparación del material para la obtención de muestras es fundamental, entre los requisitos de esta preparación no encontramos:

a) Identificar de forma correcta todos los recipientes en los que se van a recoger las muestras.

b) Comprobar que el material es el correcto.

c) Mantener la esterilidad del material durante todo el proceso.

d) Dar ayuda física a la persona para que mantenga la postura más adecuada en la obtención de la muestra.

10. El personal que va a realizar la extracción de la muestra deberá:

a) Minimizar el contacto con el paciente y trabajar con rapidez y firmeza.
b) Mantener los objetos punzantes fuera del alcance de la vista del paciente para minimizar su ansiedad.
c) Realizar la extracción en el menor tiempo posible.
d) Todas son ciertas.

11. Una vez realizado el procedimiento no deberemos:

a) Asegurarnos de que el paciente se encuentra bien.
b) Anotar toda la información en el registro pertinente.
c) Dejar al paciente ingresado el tiempo necesario para asegurarnos de que no aparecen reacciones alérgicas.
d) Asegurarnos de mandar las muestras al laboratorio en tiempo y forma correcta.

12. En una solicitud en blanco no es necesario asegurarnos:

a) De que el nombre del paciente y todos sus datos son los correctos.
b) De que el nombre del facultativo solicitante está completo.
c) De escribir de forma clara y concisa.
d) De que aparezca el sello con el CNP del facultativo.

13. La empresa de transporte de muestras deberá asegurar una temperatura para muestras de ambiente que oscile entre:

a) 4-8 ºC.
b) 18-25 ºC.
c) -18 ºC.
d) Como su nombre indica las muestras ambiente se mandarán sin control de temperatura.

14. Los recipientes primarios:

a) Suelen ser de polietileno.
b) Deben ser de material absorbible.
c) Deben ser rígidos y resistentes a los golpes.
d) Todas son ciertas.

15. Si mandamos una muestra con todos los recipientes, los pictogramas oficiales deben ir en el recipiente:

a) Primario.
b) Secundario.
c) Terciario.
d) Cuaternario.

16. El test de Allen nos sirve para asegurar:

a) Que la arteria cubital irriga normalmente, si extraemos sangre de la arteria radial.
b) La circulación adecuada de la región de la mano, comprometida en la extracción.
c) Que la arteria humeral irriga normalmente, si extraemos sangre de la arteria radial.
d) Son ciertas a) y b).

17. Los hemocultivos seriados se extraen:

a) De un catéter ya conectado.
b) De venas diferentes cada 30 minutos.
c) De vías centrales cada 60 minutos.
d) Lo ideal es canalizar una vía periférica para este fin y realizar 3 extracciones separadas 30 minutos.

18. ¿Cómo se denominan las solicitudes donde las posibles peticiones a realizar ya vienen escritas y el médico solo debe señalar aquellas que desea? Solicitudes:

a) En blanco.
b) Bajo demanda.
c) De tarjeta grafitada.
d) Nada de las anteriores.

19. Tras una inyección IM se eleva sin ansiedad:

a) Catecolaminas.
b) Tiroxina.
c) CPK.
d) Bilirrubina.

20. Respecto al análisis del jugo gástrico mediante su toma de muestra por drenaje gástrico, todo es cierto, excepto:

a) En los análisis gástricos no existen intervalos de normalidad estrictamente delimitados.
b) Existen pruebas más útiles para establecer el diagnóstico de patología gástrica que el análisis del jugo gástrico.
c) El análisis del jugo gástrico se realiza con bastante frecuencia.
d) A pesar de que la técnica no es agresiva, la entubación puede ser desagradable e incluso traumática para el paciente.

Solución al test n.º 16

1. d) En todo lo anterior.

2. c) Microbiológico.

3. b) Usaremos una punción o raspado.

4. d) En muestras en las que queremos minimizar la contaminación.

5. b) Un hisopo.

6. d) Todas son ciertas.

7. a) Explicarle con palabras que entienda la forma correcta para realizarla y ofrecerle el material necesario.

8. b) Explicar la necesidad de la preparación y darle, a ser posible por escrito, las instrucciones necesarias para realizarla de forma correcta.

9. d) Dar ayuda física a la persona para que mantenga la postura más adecuada en la obtención de la muestra.

10. b) Mantener los objetos punzantes fuera del alcance de la vista del paciente para minimizar su ansiedad.

11. c) Dejar al paciente ingresado el tiempo necesario para asegurarnos de que no aparecen reacciones alérgicas.

12. d) De que aparezca el sello con el CNP del facultativo.

13. b) 18-25 ºC.

14. a) Suelen ser de polietileno.

15. c) Terciario.

16. d) Son ciertas a) y b).

17. b) De venas diferentes cada 30 minutos.

18. c) De tarjeta grafitada.

19. c) CPK.

20. c) El análisis del jugo gástrico se realiza con bastante frecuencia.

TEST N.º 17

Manejo de los líquidos biológicos en el laboratorio de bioquímica: características y determinaciones a realizar. Aplicaciones

1. El elemento más abundante de la sangre es:

a) Eritrocitos.
b) Leucocitos.
c) Proteínas.
d) Agua.

2. No es una función de la sangre:

a) Defensa de los microorganismos por la serie roja.
b) Transporte de sustancias nutritivas y de desecho.
c) Control de hemorragias.
d) Transporte de hormona desde las glándulas a los órganos diana.

3. El líquido cefalorraquídeo se localiza:

a) Entre la piamadre y la aracnoides.
b) Entre la aracnoides y la duramadre.
c) Entre la piamadre y la duramadre.
d) Entre la médula espinal y el cerebro.

4. ¿Cuál de las siguientes no es una característica normal del LCR (líquido cefalorraquídeo) de forma macroscópica?

a) Es incoloro.
b) Viscosidad similar al agua.
c) Presencia de sedimento.
d) Aspecto claro.

5. No se aprecian coágulos en el LCR en:

a) Punciones traumáticas.
b) Bloqueo completo espinal.
c) Meningitis supurativa.
d) Hemorragia subaracnoidea.

6. Para realizar el recuento celular diferencial del LCR lo teñiremos con:

a) Negro Sudán.
b) Giemsa.
c) Pas.
d) Cualquiera de los anteriores.

7. El aumento de las células en el LCR se denomina:

a) Pleocitosis.
b) Hipercitemia.
c) Hipercirraquemia.
d) Se denominará según sea el tipo: linfocitosis, monocitosis.

8. La proteína que más encontramos en el estudio del LCR es:

a) IgG.
b) Albúmina.
c) Mielina.
d) Transferrina.

9. Encontraremos niveles elevados de ADA en:

a) Punciones traumáticas.
b) Meningitis bacterianas.
c) Encefalopatías herpéticas.
d) Encefalitis alcohólica.

10. ¿Cuál de las siguientes características del líquido sinovial no consideraremos normal?

a) Aspecto cristalino.
b) Tono amarillento.
c) No se coagula.
d) Todas son características normales de este líquido.

11. Consideraremos normales niveles de leucocitos en una muestra de líquido sinovial de:

a) $1200/ml^3$.
b) $800/ml^3$.

c) 500/ml³.
d) 200/ml³.

12. Consideraremos que una paciente presenta oligohidramnios si tiene una cantidad de líquido sinovial inferior a:

a) 1,5 L.
b) 1 L.
c) 0,5 L.
d) Ninguna es cierta.

13. El líquido amniótico debe presentar un pH de:

a) 7,13.
b) 6.5.
c) 6.
d) 8.2.

14. La infección vaginal más normal por hongos es:

a) Candidiasis.
b) *Trichomoniasis*.
c) Vaginosis polifúngica.
d) *Mycobacteriasis*.

15. Para realizar el test de Clements:

a) Realizaremos el cociente lecitina/esfingomielina.
b) Usaremos luz polarizada.
c) Uniremos a partes iguales líquido amniótico y etanol.
d) Usaremos cromatografía para determinar los fosfolípidos presentes.

16. Para realizar el estudio bacteriológico del líquido pericárdico usaremos:

a) Cultivos.
b) Tinciones de Ziehl-Neelsen.
c) Tinciones de Gram.
d) Todas son ciertas.

17. Realizaremos un recuento diferencial de leucocitos en líquido peritoneal cuando su valor supere los:

a) 50/µl.
b) 150/µl.
c) 250/µl.
d) 350/µl.

18. Se recibe en el laboratorio para su análisis una muestra resultante de un quilotórax. Se trata de:

a) Un derrame pleural de origen infeccioso.

b) Un líquido pericárdico resultante de un taponamiento cardiaco.

c) Un derrame pleural de origen tuberculoso.

d) Un derrame pleural con extravasación de linfa por posible obstrucción de conductos linfáticos.

19. Para la recogida correcta de una muestra de semen para la realización de un seminograma hay que seguir una serie de instrucciones preanalíticas. Señale la opción correcta:

a) Utilizar un preservativo estéril.

b) Guardar de 2-7 días de abstinencia sexual.

c) Es suficiente recoger y llevar al laboratorio parte del eyaculado recogido.

d) No debe pasar desde que se recoge hasta su análisis más de 3 horas.

20. La meningitis eosinofílica se debe a:

a) Bacterias.

b) Virus.

c) Parásitos.

d) Fármacos.

Solución al test n.º 17

1. d) Agua.

2. a) Defensa de los microorganismos por la serie roja.

3. a) Entre la piamadre y la aracnoides.

4. c) Presencia de sedimento.

5. d) Hemorragia subaracnoidea.

6. b) Giemsa.

7. a) Pleocitosis.

8. b) Albúmina.

9. b) Meningitis bacterianas.

10. d) Todas son características normales de este líquido.

11. d) $200/ml^3$.

12. d) Ninguna es cierta.

13. a) 7,13.

14. a) Candidiasis.

15. c) Uniremos a partes iguales líquido amniótico y etanol.

16. d) Todas son ciertas.

17. c) 250/µl.

18. d) Un derrame pleural con extravasación de linfa por posible obstrucción de conductos linfáticos.

19. b) Guardar de 2-7 días de abstinencia sexual.

20. c) Parásitos.

TEST N.º 18

Conceptos generales de las enfermedades reumáticas

1. Podemos definir la artritis reumatoide como:

a) Un trastorno inflamatorio crónico de carácter autoinmune.
b) Proceso de fibrosis de diferentes órganos y la piel por aumento de los depósitos de colágeno.
c) Enfermedad crónica e inflamatoria del músculo esquelético.
d) Poliartritis inflamatoria subaguda o crónica.

2. La artritis reumatoide se ve motivada por la aparición en la articulación de:

a) Complejos antígeno – anticuerpos.
b) Exudación de fibrina.
c) Hiperemia.
d) Autoanticuerpos.

3. Podemos definir la polimiositis como:

a) Un trastorno inflamatorio crónico de carácter autoinmune.
b) Proceso de fibrosis de diferentes órganos y la piel por aumento de los depósitos de colágeno.
c) Enfermedad crónica e inflamatoria del músculo esquelético.
d) Poliartritis inflamatoria subaguda o crónica.

4. Podemos definir el lupus eritematoso como:

a) Un trastorno inflamatorio crónico de carácter autoinmune.
b) Proceso de fibrosis de diferentes órganos y la piel por aumento de los depósitos de colágeno.
c) Enfermedad crónica e inflamatoria del músculo esquelético.
d) Poliartritis inflamatoria subaguda o crónica.

5. Podemos definir la esclerodermia como:

a) Un trastorno inflamatorio crónico de carácter autoinmune.
b) Proceso de fibrosis de diferentes órganos y la piel por aumento de los depósitos de colágeno.
c) Enfermedad crónica e inflamatoria del músculo esquelético.
d) Poliartritis inflamatoria subaguda o crónica.

6. Un análisis de laboratorio que presenta: VSG acelerada, HLA – B27 positivo, factor reumatoide negativo y autoanticuerpos negativos, nos hace pensar en:

a) Síndrome de Sjögren.
b) Espondilitis anquilosante.
c) Lupus eritematoso.
d) Poliartritis.

7. ¿Cuál de los siguientes datos de laboratorio no encontraríamos en la esclerodermia?

a) VSG disminuida.
b) Anemia.
c) Anti Scl – 70 positivo.
d) Patrón nucleolar de ANA.

8. La reacción de Waaler – Rose es un tipo de:

a) ELISA.
b) RIA.
c) Aglutinación.
d) IFI.

9. ¿Cuál de los siguientes no sería un método para la determinación cuantitativa de la proteína C reactiva?

a) Aglutinación de látex.
b) Inmunonefelometría.
c) RIA.
d) Enzimoinmunoensayo.

10. Los niveles normales de la proteína C reactiva en sangre de una persona adulta suelen ser inferiores a:

a) 0,1 mg/dl.
b) 0,2 mg/dl.
c) 0,3 mg/dl.
d) 0,4 mg/dl.

11. Los niveles normales de ASLO en sangre de una persona adulta suelen ser inferiores a:

a) 1 UI/ml.
b) 10 UI/ml.
c) 100 UI/ml.
d) 200 UI/ml.

12. Los niveles normales de ASLO en sangre de un niño suelen ser inferiores a:

a) 1 UI/ml.
b) 10 UI/ml.
c) 100 UI/ml.
d) 300 UI/ml.

13. Si sospechamos que nuestro paciente presenta un síndrome de Sjögren, ¿cuál de los siguientes anticuerpos buscaríamos?

a) Anti – LA/SSB.
b) Anti – Scl 70.
c) Anti – centrómeros.
d) Anti – Jo 1.

14. Si sospechamos que nuestro paciente presenta un síndrome de CREST, ¿cuál de los siguientes anticuerpos buscaríamos?

a) Anti – LA/SSB.
b) Anti – Scl 70.
c) Anti – centrómeros.
d) Anti – Jo 1.

15. Si sospechamos que nuestro paciente presenta un Lupus, ¿cuál de los siguientes anticuerpos buscaríamos?

a) Anti – LA/SSB.
b) Anti – Scl 70.
c) Anti – centrómeros.
d) Anti Sm.

16. Si sospechamos que nuestro paciente presenta una polimiositis, ¿cuál de los siguientes anticuerpos buscaríamos?

a) Anti – LA/SSB.
b) Anti – Scl 70.
c) Anti – centrómeros.
d) Anti – Jo 1.

17. ¿Cuál de los siguientes síntomas no es típico del síndrome de Sjögren?

a) Afectación articular.
b) Sequedad de la laringe.
c) Aumento del flujo vaginal.
d) Infiltrados linfocitarios en pulmón.

18. El FR es un anticuerpo del tipo bioquímico, principalmente de la inmunoglobulina:

a) IgM.
b) IgG.
c) IgA.
d) IgE.

19. Los estudios realizados sobre el Lupus eritematoso indican una relación entre la producción de autoanticuerpos y determinadas moléculas; ¿cuál de estas no es una de ellas?

a) HLA – DR3.
b) HLA – B88.
c) HLA – DR2.
d) HLA – DR88.

20. ¿Cuál de las siguientes afirmaciones sobre la proteína C reactiva (PCR) es correcta?

a) Es una inmunoglobulina producida por los linfocitos B.
b) Es una proteína que aumenta lentamente y se mantiene elevada durante meses.
c) Es un reactante de fase aguda que se eleva rápidamente tras una lesión tisular.
d) Se sintetiza en el bazo como respuesta a la infección por virus.

Solución al test n.º 18

1. d) Poliartritis inflamatoria subaguda o crónica.

2. a) Complejos antígeno – anticuerpos.

3. c) Enfermedad crónica e inflamatoria del músculo esquelético.

4. a) Un trastorno inflamatorio crónico de carácter autoinmune.

5. b) Proceso de fibrosis de diferentes órganos y la piel por aumento de los depósitos de colágeno.

6. b) Espondilitis anquilosante.

7. a) VSG disminuida.

8. c) Aglutinación.

9. a) Aglutinación de látex.

10. c) 0,3 mg/dl.

11. d) 200 UI/ml.

12. d) 300 UI/ml.

13. a) Anti – LA/SSB.

14. c) Anti – centrómeros.

15. d) Anti Sm.

16. d) Anti – Jo 1.

17. c) Aumento del flujo vaginal.

18. a) IgM.

19. d) HLA – DR88.

20. c) Es un reactante de fase aguda que se eleva rápidamente tras una lesión tisular.

TEST N.º 19

Conceptos generales sobre lípidos y su clasificación

1. Los lípidos saponificables:

a) Presentan una energía negativa.
b) Poseen ácidos grasos.
c) Son principalmente terpenos.
d) Se disuelven en ácidos.

2. Si separamos las lipoproteínas por centrifugación los quilomicrones se correlacionan con:

a) Alfa lipoproteínas.
b) Beta lipoproteínas.
c) Pre – beta lipoproteínas.
d) Quilomicrones.

3. Cuando un paciente tiene una obstrucción de las vías biliares presentará una:

a) LDL.
b) Lipoproteína a.
c) Lipoproteína x.
d) IDK.

4. En cuanto a los triglicéridos, es falso que:

a) Sean las grasas más transportadas en el organismo.
b) Sus niveles varían con la edad.
c) Pueden ser formados por el hígado.
d) Su principal función es transportar otras lipoproteínas.

5. El colesterol no es un precursor de:

a) Hormonas sexuales.
b) Vitamina A.

c) Hormonas corticoesteroideas.
d) Sales biliares.

6. Los ácidos grasos insaturados:

a) Presentan enlaces dobles.
b) Forman parte del colesterol.
c) Forman parte de los ésteres.
d) Todas son ciertas.

7. Los fosfoglicéridos más abundante son:

a) Hormonas sexuales.
b) Cefalina.
c) IDL.
d) Todas son ciertas.

8. La disbetalipoproteinemia es una:

a) Hiperlipoproteinemia.
b) Hipercolesterolemia aislada.
c) Hiperlipemia mixta.
d) Descenso del colesterol – HDL.

9. La función de la lipoproteinlipasa sobre los quilomicrones es:

a) La emulsión de grasas ingeridas.
b) Destrozar los monoglicéridos básicos en moléculas menores.
c) La destrucción de los quilomicrones remanentes.
d) Romper los triglicéridos presentes en los quilomicrones.

10. Para formar las VLDL se van a unir:

a) Lípidos endógenos, fosfolípidos, apoproteínas y colesterol.
b) Macrófagos y LDL.
c) Monoglicéridos y ácidos grasos libres.
d) Ésteres y triglicéridos.

11. ¿Cuál de las siguientes afirmaciones sobre la función de las HDL es falsa?

a) Son consideradas como un factor de protección.
b) Son reservas de colesterol.
c) Llevan colesterol al hígado para eliminarlo.
d) Su función es similar a la de las LDL.

12. Los métodos químicos aparecen al poner en contacto el colesterol con:

a) Ácidos fuertes concentrados.
b) Bases fuertes concentradas.
c) Enzimas proteolíticas.
d) Todas son ciertas.

13. En el método químico de una etapa para la determinación de colesterol la muestra:

a) No tiene ningún tipo de preparación.
b) Debe ser hidrolizada antes de realizar la prueba.
c) Debe ser teñida antes de realizar la prueba.
d) Debe ser tratada con antioxidantes antes de realizar la prueba.

14. En el método químico de dos etapas para la determinación de colesterol eliminaremos de la muestra:

a) Colesterol.
b) Hemoglobina.
c) Bases neutras.
d) Todas son ciertas.

15. Para eliminar los ésteres del colesterol someteremos la muestra a:

a) Reacción cromogénica.
b) Lisis básica.
c) Saponificación.
d) Purificación.

16. No es una ventaja de los métodos enzimáticos:

a) Su simplicidad.
b) Su precisión.
c) Su especificidad.
d) Solo interacciona con el colesterol libre.

17. En la reacción de Liebermann – Buchard la oxidación presentará una absorción máxima a:

a) 250 nm.
b) 330 nnm.
c) 410 nm.
d) 563 nm.

18. La hidrólisis de los triglicéridos da lugar a:

a) Ésteres y colesterol.
b) Glicerol y ácidos grasos libres.
c) Glicerol y VLDL.
d) Bases fuertes y glicerol.

19. El método químico más usado es el de:

a) Buchard.
b) Liebermann.
c) Kessler.
d) David.

20. En el método enzimático para la hidrólisis de los triglicéridos usaremos:

a) KOH.
b) Glicerol.
c) Piruvol quinasa.
d) Lipasa.

Solución al test n.º 19

1. b) Poseen ácidos grasos.

2. d) Quilomicrones.

3. c) Lipoproteína x.

4. d) Su principal función es transportar otras lipoproteínas.

5. b) Vitamina A.

6. a) Presentan enlaces dobles.

7. b) Cefalina.

8. c) Hiperlipemia mixta.

9. d) Romper los triglicéridos presentes en los quilomicrones.

10. a) Lípidos endógenos, fosfolípidos, apoproteínas y colesterol.

11. d) Su función es similar a la de las LDL.

12. a) Ácidos fuertes concentrados.

13. a) No tiene ningún tipo de preparación.

14. b) Hemoglobina.

15. c) Saponificación.

16. d) Sólo interacciona con el colesterol libre.

17. c) 410 nm.

18. b) Glicerol y ácidos grasos libres.

19. c) Kessler.

20. c) Lipasa.

TEST N.º 20

La función hepática: determinaciones y técnicas aplicadas para su valoración

1. El hígado:

a) Es la víscera de mayor volumen del organismo.
b) Se encuentra en la parte superior de la cavidad abdominal, debajo del diafragma.
c) Ocupa el hipocondrio derecho, gran parte del epigastrio y parte del hipocondrio izquierdo.
d) Todas son correctas.

2. La unidad funcional del hígado es:

a) Hepatocito.
b) Lobulillo.
c) Acini.
d) Islotes de Langerhans.

3. Sobre la bilis, no es cierto:

a) Interviene en la digestión y absorción de hidratos en el intestino.
b) Contiene agua, bilirrubina, sales biliares, colesterol, fosfolípidos y electrolitos.
c) Uno de sus componentes es la bilirrubina que procede de la degradación de los eritrocitos.
d) La fracción de bilirrubina que permanece en el intestino delgado se transforma en estercobilina.

4. Una de las proteínas más importantes que se sintetiza en el hígado es:

a) Albúmina sérica.
b) Urea.
c) Ácido úrico.
d) Globulina.

5. ¿Cómo se denomina la reacción metabólica en la que se sintetiza glucosa y glucógeno a partir de aminoácidos, glicerol, etc.?

a) Glucogénesis.
b) Gluconeogénesis.
c) Glucogenólisis.
d) Anabolismo.

6. El hígado es el principal órgano que mantiene la glucemia mediante:

a) Gluconeogénesis.
b) Glucogenólisis.
c) Glucogénesis.
d) Todas son ciertas.

7. ¿Qué otra terminología recibe la bilirrubina no conjugada?

a) Directa.
b) Indirecta.
c) Saturada.
d) Activada.

8. La bilirrubina en sangre circula unida a:

a) Urobilinógeno.
b) Tiroglobulina.
c) Albúmina.
d) Circula libre.

9. La vesícula biliar es:

a) Tiene forma de pera.
b) Mide de 8 a 10 cm de longitud.
c) Mide de 35-40 mm de ancho.
d) Todas son correctas.

10. Las pruebas funcionales hepáticas se realizan con la finalidad de:

a) Determinar presencia o no de enfermedad hepática.
b) Establecer la severidad de la lesión.
c) Monitorizar el curso de la enfermedad.
d) Todas son correctas.

11. La aspartato aminotransferasa:

a) En casos de hepatitis agudas sus niveles están muy aumentados.
b) En caso de hepatitis crónicas sus niveles también están aumentados.

c) Se encuentra aumentada en el hepatocarcinoma.

d) Se encuentra aumentada en metástasis hepáticas.

12. Una de las siguientes pruebas indica lesión hepática:

a) Estudio de las aminotransferasas.

b) Estudio de la bilirrubina.

c) Estudio de globulinas.

d) Estudio de la albúmina.

13. La GPT es una enzima:

a) Mitocondrial.

b) Citoplasmática.

c) Nuclear.

d) Intracelular.

14. La aspartato aminotransferasa es:

a) Enzima GOT.

b) Enzima GPT.

c) Enzima ALT.

d) Enzima ALP.

15. ¿Cuál de los siguientes valores, es un valor plasmático normal de la GOT?

a) <55 U/L.

b) > 55 U/L.

c) 5-34 U/L.

d) 25-85 U/L.

16. Es un signo de la ictericia:

a) La coloración amarillenta de piel, mucosas y secreciones por el aumento de la concentración de la bilirrubina circulante.

b) El aumento de la GGT.

c) La disminución de la actividad de protrombina.

d) El aumento de la AFP.

17. Es indicativo de una cirrosis de origen biliar:

a) El aumento de la GGT.

b) El aumento de la ALP y 5-NT.

c) El aumento de la albúmina.

d) El aumento de la actividad de protrombina.

18. Un aumento de la ALP en suero indica:

a) Colestasis.
b) Cirrosis hepática.
c) Metástasis hepáticas, carcinoma vesicular biliar.
d) Todas son ciertas.

19. Las determinaciones que se usan más frecuentemente para valorar la síntesis hepática son:

a) La determinación de la bilirrubina y el urobilinógeno.
b) La determinación de la albúmina y globulina.
c) La determinación de los factores de la coagulación.
d) Las respuestas b) y c) son correctas.

20. Las determinaciones que se usan más frecuentemente para valorar la función excretora hepática son:

a) La determinación de los factores de coagulación.
b) Medida del amoniaco en sangre.
c) La determinación de la bilirrubina y el urobilinógeno.
d) La determinación de la albúmina y globulina.

Solución al test n.º 20

1. d) Todas son correctas.

2. b) Lobulillo.

3. a) Interviene en la digestión y absorción de hidratos en el intestino.

4. a) Albúmina sérica.

5. b) Gluconeogénesis.

6. d) Todas son ciertas.

7. b) Indirecta.

8. c) Albúmina.

9. d) Todas son correctas.

10. d) Todas son correctas.

11. a) En casos de hepatitis agudas sus niveles están muy aumentados.

12. a) Estudio de las aminotransferasas.

13. b) Citoplasmática.

14. a) Enzima GOT.

15. c) 5-34 U/L.

16. a) La coloración amarillenta de piel, mucosas y secreciones por el aumento de la concentración de la bilirrubina circulante.

17. b) El aumento de la ALP y 5-NT.

18. d) Todas son ciertas.

19. d) Las respuestas b) y c) son correctas.

20. c) La determinación de la bilirrubina y el urobilinógeno.

TEST N.º 21

Marcadores tumorales y aplicaciones clínicas

1. ¿Cuál de las siguientes afirmaciones sobre marcadores tumorales es cierta?

a) Solo aparecen en sangre.
b) Ninguno aparece en pacientes sanos.
c) Algunos se alteran en función de la evolución de la enfermedad.
d) Todas son ciertas.

2. La investigación proteómica:

a) Estudia los patrones generales de las proteínas buscando alteraciones.
b) Estudia mutaciones genéticas.
c) Estudia la presencia de ARN alterado.
d) No existe la investigación proteómica.

3. El Instituto Nacional del Cáncer (NCI) nos ofrece una serie de pautas para el uso de los marcadores, entre las que no se encuentra:

a) Valorar el pronóstico de la enfermedad.
b) Determinar el funcionamiento del tratamiento.
c) Diagnosticar la enfermedad.
d) El NCI no ofrece ninguna pauta de uso.

4. Entre las desventajas de los marcadores tumorales no encontramos:

a) Pueden aparecer en valores pequeños en personas sanas.
b) En la mayoría de las situaciones es necesaria una actividad muy grande de la zona tumoral para que se eleven los marcadores.
c) Son muy específicos.
d) En algunos casos no se aprecian nunca elevaciones de los marcadores, originando falsos negativos.

5. Las células tumorales benignas:

a) Son indiferenciadas.
b) Guardan cierta relación estructural con las normales.
c) Crecen de forma descontrolada.
d) Son peligrosas para el organismo.

6. Un marcador que ofrece información sobre la evolución de la enfermedad o la respuesta tumoral a un determinado tratamiento, se denomina:

a) Diagnóstico.
b) De evolución.
c) Genómico.
d) Principal.

7. Las proteínas que usamos como marcadores:

a) Suelen ser oncofetales en las que cesa su inhibición.
b) Suelen ser estructurales que aumentan su disponibilidad.
c) Suelen ser genómicas que ahora se inhiben.
d) Ninguna es cierta.

8. Si sospechamos un tumor de mama solicitaremos la proteína:

a) Ferritina.
b) Bence-Jones.
c) Antígeno 12-5.
d) Antígeno 1-9.

9. En un paciente que presenta niveles anormalmente altos de dopamina sospecharemos la presencia de un:

a) Tumor de próstata.
b) Neuroblastoma.
c) Carcinoma suprarrenal.
d) Carcinoma de ovario.

10. Si sospechamos que nuestro paciente presenta una leucemia no solicitaremos la determinación de:

a) LDH.
b) Lisozima.
c) Amilasa.
d) Todas se deben solicitar.

11. El método de análisis de la hidroxiprolina es:

a) RIA.
b) ELISA.
c) HPLC.
d) Cromatografía.

12. Para un tumor de próstata usaremos receptores:

a) De estrógenos.
b) De andrógenos.
c) De progesterona.
d) De LTH.

13. Las inmunoglobulinas estarán aumentadas en:

a) Carcinoma hepatobiliar.
b) Linfosarcoma.
c) Mieloma múltiple.
d) Todas son ciertas.

14. Nos parecerá normal un valor de la proteína de Bence-Jones de:

a) 26.
b) 32.
c) 51.
d) Normalmente esta proteína no se debe encontrar.

15. El marcador CA15-3 tiene un uso similar al:

a) CA19-9.
b) CA 125.
c) CA 549.
d) Ig 13.

16. El CgA es el principal marcador de:

a) Tumores carcinoides.
b) Neuroblastomas.
c) Tumores de células pequeñas de pulmón.
d) Tumores epiteliales.

17. El HE – 4 se usa como:

a) CA 19-9.
b) CA 125.

c) CAE.
d) MCA.

18. La tiroglobulina está regulada por:

a) PTH.
b) LDL.
c) TSH.
d) Insulina.

19. El TAG – 72 aumenta en:

a) Carcinoma gástrico.
b) Cáncer de pulmón.
c) Cáncer de ovario.
d) Todas son ciertas.

20. Los tumores HER 2 positivo:

a) Presentan una buena respuesta al tratamiento.
b) Tienden a ser más agresivos y propagarse más rápido.
c) Presentan un crecimiento lento.
d) Son malignos.

Solución al test n.º 21

1. c) Algunos se alteran en función de la evolución de la enfermedad.

2. a) Estudia los patrones generales de las proteínas buscando alteraciones.

3. d) El NCI no ofrece ninguna pauta de uso.

4. c) Son muy específicos.

5. b) Guardan cierta relación estructural con las normales.

6. b) De evolución.

7. a) Suelen ser oncofetales en las que cesa su inhibición.

8. a) Ferritina.

9. b) Neuroblastoma.

10. c) Amilasa.

11. c) HPLC.

12. b) De andrógenos.

13. d) Todas son ciertas.

14. d) Normalmente esta proteína no se debe encontrar.

15. c) CA 549.

16. a) Tumores carcinoides.

17. b) CA 125.

18. c) TSH.

19. d) Todas son ciertas.

20. b) Tienden a ser más agresivos y propagarse más rápido.

TEST N.º 22

Marcadores cardiacos y aplicaciones clínicas

1. Es una válvula semilunar:

a) La aórtica.
b) La mitral.
c) La tricúspide.
d) La basal.

2. La circulación menor:

a) Comienza en el ventrículo izquierdo.
b) Llega a los pulmones para oxigenarse.
c) Llega a todo el organismo para llevar oxígeno a los tejidos.
d) Finaliza en la aurícula derecha.

3. ¿Cuál es la función principal del complejo de troponina en el músculo estriado y cardíaco?

a) Regular la síntesis de proteínas contráctiles.
b) Unirse al calcio para producir energía mitocondrial.
c) Controlar el acoplamiento excitación-contracción al unirse a la tropomiosina.
d) Favorecer la regeneración de las fibras musculares tras una lesión.

4. ¿Cuál de las siguientes afirmaciones sobre la Troponina I cardíaca (cTnI) es correcta?

a) La cTnI aparece en plasma entre 10 y 12 horas después del daño miocárdico.
b) La cTnI se elimina rápidamente del plasma, desapareciendo en menos de 48 horas.
c) La cTnI es inespecífica y puede encontrarse en tejidos no cardíacos.
d) La cTnI presenta cardio-especificidad y puede elevarse tras una angina inestable.

5. ¿Cuál de las siguientes afirmaciones sobre la cinética sérica de la LDH en el infarto agudo de miocardio (IAM) es correcta?

a) La LDH alcanza su pico a los 3 o 4 días tras el IAM y puede permanecer elevada hasta 10 días.
b) La LDH se eleva precozmente, alcanzando su pico dentro de las primeras 6 horas.
c) La LDH total siempre se eleva antes que cualquier isoenzima específica en IAM.
d) El nivel máximo de LDH en IAM se observa a las 24 horas del evento.

6. ¿Cuál de las siguientes isoenzimas de la LDH es más indicativa de infarto de miocardio, especialmente cuando supera la proporción respecto a LDH2?

a) LDH3.
b) LDH1.
c) LDH5.
d) LDH4.7. Es falso que en el infarto de miocardio:

7. Es falso que en el infarto de miocardio:

a) El dolor se localiza de forma retroesternal y se extiende a cuello, hombros y espalda.
b) El dolor cede tras 2-3 minutos de reposo.
c) Existe aumento de CPK.
d) Una de sus principales causas es la arterioesclerosis.

8. Decimos que hay una estenosis valvular cuando:

a) Existe dificultad en el cierre de la válvula.
b) Existe dificultad en la apertura de la válvula.
c) Existe un paso de sangre excesivo hacia el compartimento contiguo.
d) Todas son ciertas.

9. ¿Cuál de los siguientes biomarcadores es el más adecuado para detectar un infarto agudo de miocardio debido a su alta sensibilidad y especificidad?

a) Mioglobina.
b) Creatina kinasa total (CK o CPK).
c) Troponina T o I.*
d) Aspartato transaminasa (AST o GOT).

10. ¿Cuál de las siguientes características diferencia el dolor del infarto agudo de miocardio del de la angina de pecho?

a) Se alivia con el reposo.
b) Es menos intenso y dura pocos minutos.
c) No está relacionado con el esfuerzo y no cede con el reposo.*
d) Solo aparece tras un ejercicio físico intenso.

11. ¿Cuál de las siguientes afirmaciones sobre la mioglobina como marcador de infarto agudo de miocardio (IAM) es correcta?

a) Es específica del tejido cardíaco y no se eleva en otras lesiones musculares.
b) Su elevación en sangre es tardía, alcanzando su pico a los 3 días.
c) Es útil como marcador precoz por su rápida liberación tras el daño muscular.*
d) Se elimina del organismo exclusivamente por el sistema hepático.

12. La mioglobina presenta un ascenso a:

a) Los 30-45 minutos tras el fallo isquémico.
b) Las 2-3 h tras el fallo isquémico.
c) Las 4-6 h tras el fallo isquémico.
d) Las 7-9 h tras el fallo isquémico.

13. La Troponina T (Tn) permanece elevada en lesiones isquémicas durante:

a) 4-6 h.
b) 48 h.
c) 3 días.
d) 7 días.

14. Cuando la Troponina T es positiva es indicador de:

a) Daño vascular.
b) Necrosis cardiaca.
c) Valvulopatía.
d) Todas son ciertas.

15. La CPK:

a) Es una enzima específica del daño isquémico.
b) Presenta un pico de subida a la hora del daño.
c) Presenta un pico máximo entre las 18-30 h tras el daño.
d) Se mantiene elevada entre 7 y 14 días.

16. El método de elección para la determinación de la CK-MB en urgencias es:

a) Electroforesis.
b) Inmunoinhibición.
c) Técnicas enzimoinmunológicas.
d) Técnicas inmunológicas indirectas.

17. Respecto a la relación de la LDH con el fallo cardiaco, es cierto que:

a) La LDH presenta una isoenzima M relacionada directamente con el fallo.
b) El cociente LDH1/LDH2 es muy sugerente de infarto.

c) Lo ideal es determinar la LDH total.
d) Todas son ciertas.

18. Entre las ventajas que presenta la determinación de la GOT en un infarto se encuentra:

a) Su elevación precoz.
b) Su especificidad.
c) La facilidad de su determinación.
d) La GOT no presenta ventajas frente a otros determinantes.

19. La proteína C reactiva se utiliza principalmente en problemas cardiacos:

a) Como principal enzima diagnóstica.
b) En determinaciones tardías del daño.
c) Como factor predictivo de riesgo en pacientes con ángor.
d) Como valoración de la respuesta al tratamiento.

20. No consideraremos normales unos valores de:

a) CPK 92 U/L.
b) LDH 150 U/L.
c) GOT 56 U/L.
d) Todos estos valores son normales.

Solución al test n.º 22

1. a) La aórtica.

2. b) Llega a los pulmones para oxigenarse.

3. c) Controlar el acoplamiento excitación-contracción al unirse a la tropomiosina.

4. d) La cTnI presenta cardio-especificidad y puede elevarse tras una angina inestable.

5. a) La LDH alcanza su pico a los 3 o 4 días tras el IAM y puede permanecer elevada hasta 10 días.

6. b) LDH1.

7. b) El dolor cede tras 2-3 minutos de reposo.

8. b) Existe dificultad en la apertura de la válvula.

9. c) Troponina T o I.

10. c) No está relacionado con el esfuerzo y no cede con el reposo.

11. c) Es útil como marcador precoz por su rápida liberación tras el daño muscular.

12. b) Las 2-3 h tras el fallo isquémico.

13. a) 4-6 horas.

14. b) Necrosis cardiaca.

15. c) Presenta un pico de subida a la hora del daño.

16. c) Técnicas enzimoinmunológicas.

17. b) El cociente LDH1/LDH2 es muy sugerente de infarto.

18. d) La GOT no presenta ventajas frente a otros determinantes.

19. c) Como factor predictivo de riesgo en pacientes con ángor.

20. c) GOT 56 U/L.

Marcadores de enfermedad endocrina y aplicaciones clínicas

1. ¿Qué dato analítico presenta mayor interés clínico en la tiroiditis crónica autoinmune?

a) Anticuerpo antitiroglobulina.
b) Anticuerpos peroxidasa.
c) Anticuerpos inhibidores del receptor de la TSH.
d) Anticuerpos estimulantes del tiroides.

2. Las pruebas de tiroxina se utilizan:

a) Para valorar la función tiroidea.
b) Para valorar la función hipotalámica.
c) Para valorar la función hipofisaria.
d) Para valorar estados hipotiroideos.

3. ¿Cuál de los siguientes resultados corresponde a un hipotiroidismo primario compensado?

a) TSH baja y tiroxina baja.
b) TSH alta y tiroxina disminuida.
c) TSH alta y tiroxina normal.
d) TSH alta y T4 y T3 altas.

4. Las hormonas tiroideas se producen en:

a) Células parafoliculares.
b) Células C del tiroides.
c) Células foliculares.
d) Células germinales.

5. Señala la respuesta correcta en relación con la calcitonina:

a) La producen las células C neuroectodérmicas.
b) Es un marcador de carcinoma medular de tiroides.
c) La producen las células parafoliculares.
d) Todas son correctas.

6. Señala la respuesta incorrecta en relación con la tiroglobulina:

a) Se trata de una alfaproteina.
b) Es sintetizada en el tiroides en respuesta a la estimulación a la tirotropina o TSH.
c) Es la proteína precursora de las hormonas tiroideas.
d) Si se encuentra elevada en sangre puede ser indicativo de cáncer de tiroides.

7. Uno de los siguientes enunciados no es correcto:

a) La TRH es un tripéptido producido en el hipotálamo que se une a receptores en la hipófisis aumentando la secreción de TSH.
b) La TSH es una glucoproteína sintetizada en adenohipófisis, regula la biosíntesis y la liberación de hormonas tiroideas a partir de la tiroglobulina.
c) La TSH está compuesta por tres subunidades.
d) La T3 circulante es el regulador principal por retroalimentación de la secreción de TSH.

8. ¿Qué anticuerpos se encuentran elevados en la tiroiditis de Hashimoto?

a) Antimicrosomales (anti TPO).
b) Antitiroglobulina (anti Tg).
c) Anticuerpos antirreceptores de TSH.
d) Todos se encuentran muy elevados.

9. Los osteoblastos:

a) Contienen fosfatasa ácida.
b) Derivan de precursores hematopoyéticos.
c) Producen colágeno tipo I.
d) Son células multinucleadas.

10. ¿Qué célula ósea contiene fosfatasa alcalina?

a) Osteoclasto.
b) Osteocito.
c) Osteoblasto.
d) Osteolito.

11. ¿Qué tipo de colágeno contiene la matriz ósea orgánica?

a) Tipo α.
b) Tipo I.
c) Tipo β.
d) Tipo δ.

12. Las microfibrillas del colágeno son ricas en aminoácidos; señala cuál de los siguientes aminoácidos es el más abundante:

a) Leucina.
b) Prolina.
c) Hidroxiprolina.
d) Cisteína.

13. Señala la respuesta incorrecta sobre la calcitonina:

a) Se produce en las células C o parafoliculares del tiroides.
b) Es inhibidora de la reabsorción ósea.
c) Se produce en la glándula paratiroides.
d) Reduce la actividad de los osteoclastos.

14. Señala qué sustancia favorece la absorción intestinal del calcio y fósforo y por tanto la mineralización ósea:

a) Glucocorticoides.
b) Calcitonina.
c) Calcitriol.
d) Osteocalcina.

15. En un hiperparatiroidismo, analíticamente se observa:

a) Aumento de PTH.
b) Aumento de fosfatasa alcalina.
c) Aumento de osteocalcina.
d) Todas son correctas.

16. La TSH:

a) Estimula la secreción de hormonas sexuales.
b) Estimula la secreción de hormonas tiroideas.
c) Estimula la secreción de hormonas paratiroideas.
d) Estimula la secreción de hormonas suprarrenales.

17. ¿Qué misión tienen las glándulas tiroideas?

a) Almacenar hierro.
b) Segregar hormona paratiroidea.
c) Segregar calcitonina.
d) Segregar vasopresina.

18. La muestra de elección para determinar tiroxina es:

a) Suero.
b) Plasma.
c) Sangre total.
d) Muestra de tiroides.

19. El síndrome de Cushing se caracteriza por:

a) Exceso permanente de glucocorticoides en sangre.
b) Aumento de aldosterona.
c) Disminución de catecolaminas.
d) Todas las respuestas son correctas.

20. En la enfermedad de Addison hay una carencia de:

a) Cortisol.
b) ACTH.
c) T3.
d) GH.

Solución al test n.º 23

1. a) Anticuerpo antitiroglobulina.

2. a) Para valorar la función tiroidea.

3. c) TSH alta y tiroxina normal.

4. c) Células foliculares.

5. d) Todas son correctas.

6. a) Se trata de una alfaproteina.

7. c) La TSH está compuesta por tres subunidades.

8. b) Antitiroglobulina (anti Tg).

9. c) Producen colágeno tipo I.

10. c) Osteoblasto.

11. b) Tipo I.

12. c) Hidroxiprolina.

13. c) Se produce en la glándula paratiroides.

14. c) Calcitriol.

15. d) Todas son correctas.

16. b) Estimula la secreción de hormonas tiroideas.

17. c) Segregar calcitonina.

18. a) Suero.

19. a) Exceso permanente de glucocorticoides en sangre.

20. a) Cortisol.

Hormonas tiroideas: conceptos generales, técnicas para su determinación y aplicaciones clínicas

1. Las hormonas son:

a) Catabolizadores.
b) Enzimas.
c) Lípidos.
d) Sustancias químicas.

2. ¿Qué sustancia propicia el incremento de reabsorción de sodio y agua?

a) Aldosterona.
b) Angiotensina.
c) Renina.
d) Angiotensinógeno.

3. ¿Dónde se encuentra localizada la glándula hipófisis?

a) En la silla turca.
b) En la parte media del tiroides.
c) En los senos nasales.
d) En el lóbulo frontal.

4. Las hormonas tiroideas ejercen su acción a otros niveles:

a) En células musculares.
b) En las mitocondrias.
c) En el citoplasma.
d) En todos ellos.

5. Dentro de los efectos biológicos de las hormonas tiroideas uno no es correcto:

a) Son necesarias para un correcto crecimiento y desarrollo.
b) Intensifica la síntesis y degradación de las proteínas.

c) Son necearías para la formación de vitamina E.
d) Intervienen en la síntesis de glucógeno.

6. Señale lo correcto en relación a las hormonas tiroideas:

a) La forma libre es la biológicamente activa.
b) La concentración en forma libre es muy elevada.
c) El 10 % de la T4 está unida a la albumina.
d) Todas son correctas.

7. La T3 libre puede aumentar en:

a) Hipertiroidismo.
b) Hipotiroidismo.
c) Hipotiroidismo primario.
d) Ninguna es correcta.

8. Señala lo correcto en relación a los tumores hipofisarios secretores de TSH:

a) FT4 aumentada.
b) FT3 aumentada.
c) TSH aumentada.
d) Todas son correctas.

9. ¿A qué se corresponden los siguientes datos de laboratorio; TSH baja: FT4 o FT3 normales?

a) Hipertiroidismo primario subclínico o compensado.
b) Hipertiroidismo secundario.
c) Enfermedad de Graves.
d) Hipertiroidismo hipofisario.

10. ¿A qué se corresponden los siguientes datos de laboratorio: TSH baja o normal, FT4 o FT3 bajas?

a) Hipotiroidismo primario.
b) Hipertiroidismo secundario.
c) Hipotiroidismo terciario.
d) Hipotiroidismo hipofisario.

11. La subunidad de TSH que le confiere su actividad y especificidad funcional es:

a) Cadena alfa.
b) Cadena beta.
c) Cadena delta.
d) Cadena épsilon.

12. Señala la respuesta correcta en relación a las hormonas tiroides:

a) La principal hormona tiroidea secretada a la circulación es la T3.
b) Ejercen sobre el metabolismo un comienzo lento y una acción prolongada.
c) el 2 % de la T4 secretada por el tiroides se convierte en T3.
d) Sus receptores están en la membrana plasmática.

13. Las hormonas tiroideas actúan a nivel hemático:

a) Incrementando la formación de eritropoyetina.
b) En la síntesis de glucógeno.
c) Incrementando la formación de leucocitos.
d) En la degradación de proteínas.

14. Uno de los siguientes enunciados NO es correcto:

a) La TRH es un tripeptido producido en el hipotálamo que se une a receptores en la hipófisis aumentando la secreción de TSH.
b) La TSH es un glucoproteína sintetizada en adenohipófisis, regula la biosíntesis y la liberación de hormonas tiroideas a parir de la tiroglobulina.
c) La TSH está compuesta por 10 subunidades.
d) La T3 circulante es el regulador principal por retroalimentación de la secreción de TSH.

15. ¿Qué anticuerpo se encuentra elevado en la tiroiditis de Hashimoto?

a) Anti microsomales (anti TPO).
b) Anti tiroglobulina (anti Tg).
c) Anticuerpos antireceptor de TSH.
d) Todos se encuentran muy elevados.

16. ¿Qué anticuerpo se encuentra elevado en la enfermedad de GRAVES?

a) Anti microsomales (anti TPO).
b) Anti tiroglobulina (anti Tg).
c) Anticuerpos antireceptor de TSH.
d) Todos se encuentran muy elevados.

17. ¿Cuál es el método utilizado para la determinación de T4 libre?

a) Inmunoensayo enzimático del tipo competitivo.
b) Hibridación in situ positiva.
c) Radioinmunoensayo (RIA).
d) Fluoroinmunoanálisis (IRMA).

18. Un paciente con tratamiento con L-tiroxina, puede tener como datos de laboratorio:

a) TSH alta.
b) T4 libre normal.

c) T3 libre normal.
d) Todas son correctas.

19. El estudio para la detección de T3 libre en el paciente se realiza mediante:

a) Inmunoensayo enzimático competitivo de fase sólida.
b) Enzimainmunoanálisis.
c) Inmunoelectroforesis.
d) Electroforesis.

20. La tiroglobulina:

a) Es un marcador de los carcinomas diferenciados de las células foliculares.
b) Puede elevarse en sangre en pacientes portadores de numerosas enfermedades tiroideas, por lo que es un buen parámetro diagnóstico.
c) Solo adquiere valor como marcador cuando se ha practicado la tiroidectomía, reflejando la reactivación del tumor.
d) Es útil junto con los rastreos corporales con I$_{99}$.

Solución al test n.º 24

1. d) Sustancias químicas.

2. a) Aldosterona.

3. a) En la silla turca.

4. d) En todos ellos.

5. c) Son necearías para la formación de vitamina E.

6. a) La forma libre es la biológicamente activa.

7. a) Hipertiroidismo.

8. d) Todas son correctas.

9. a) Hipertiroidismo primario subclínico o compensado.

10. d) Hipotiroidismo hipofisario.

11. b) Cadena beta.

12. b) Ejercen sobre el metabolismo un comienzo lento y una acción prolongada.

13. a) Incrementando la formación de eritropoyetina.

14. c) La TSH está compuesta por 10 subunidades.

15. b) Anti tiroglobulina (anti Tg).

16. c) Anticuerpos antireceptor de TSH.

17. a) Inmunoensayo enzimático del tipo competitivo.

18. d) Todas son correctas.

19. a) Inmunoensayo enzimático competitivo de fase sólida.

20. c) Solo adquiere valor como marcador cuando se ha practicado la tiroidectomía, reflejando la reactivación del tumor.

TEST N.º 25

Examen físico-químico de las heces

1. La principal sustancia secretada por el páncreas es:

a) Lactoferrina.
b) Glucagón.
c) Lipasa.
d) Insulina.

2. Entre las funciones del hígado no encontramos:

a) Biotransformación de sustancias.
b) El almacenamiento de sustancias tóxicas.
c) Almacenamiento de glucosa.
d) Transformación de tóxicos en sustancias eliminables.

3. La función principal del esfínter inferior del esófago es:

a) Evitar el reflujo gastroesofágico.
b) Evitar la aspiración de los contenidos gastroesofágicos.
c) Evitar la activación del diafragma.
d) Todas son ciertas.

4. De forma habitual excretamos una cantidad de heces de:

a) 20 g.
b) 70 g.
c) 150 g.
d) 400 g.

5. Unas heces fétidas se deberán a:

a) Neoplasias.
b) Fístulas anales.

c) Tratamientos antibióticos.
d) Diarreas de fermentación.

6. Si introducimos un papel tornasolado en una muestra de heces alcalinas aparecerá un color:

a) Azul.
b) Rojo.
c) Verde.
d) Amarillo.

7. El método más extendido para la determinación de sangre oculta en heces es:

a) Método del guayaco.
b) Prueba de Benedict.
c) Tableta de Clinitest.
d) Test de Fisher.

8. Para la determinación de leucocitos en heces teñiremos la muestra con:

a) Eosina.
b) Azul de metileno de Loeffler.
c) Verde jano.
d) Nigrosina.

9. La cantidad de cuerpos reductores en heces debe ser inferior a:

a) 1 g/dl.
b) 0.5 g/dl.
c) 0.25 g/dl.
d) 0.1 g/dl.

10. El test de la D – xilosa sirve para:

a) Detectar sangre oculta en heces.
b) Detectar problemas de absorción.
c) Detectar presencia de leucocitos en heces.
d) Detectar infecciones de colon.

11. La determinación automatizada cuantitativa de grasas se denomina:

a) Van Kamer.
b) Whipple.
c) HDA.
d) Ninguna es cierta.

12. La amilorrea es la presencia en heces de:

a) Fibras musculares.
b) Células.
c) Almidón sin digerir.
d) Lípidos.

13. Denominamos hematoquecia a:

a) Aparición de sangre en esputo.
b) Aparición de sangre coagulada en heces.
c) Aparición de sangre roja brillante en heces.
d) Todas son ciertas.

14. Entre las causas de la hemorragia digestiva alta (HDA) no encontramos:

a) Varices esofágicas.
b) Esofagitis.
c) Tumores.
d) Diverticulosis crónica.

15. Es un tipo de hemorragia digestiva baja (HBD):

a) Melenas.
b) Rectorragia.
c) Hematoquecia.
d) Todas son ciertas.

16. No es una prueba de la función gástrica:

a) Determinación de la gastrina en ayunas.
b) Aclaramiento de la antitripsina.
c) Determinación de la hipersecreción ácida.
d) Determinación de Hollander.

17. Los movimientos antiperistálticos:

a) Producen el vómito.
b) Ayudan a la progresión del bolo alimenticio.
c) Ayudan a la trituración del bolo alimenticio.
d) Ayudan a la digestión.

18. Unas heces fétidas se deberán a:

a) Neoplasias.
b) Fístulas anales.

c) Tratamientos antibióticos.
d) Diarreas de fermentación.

19. Si introducimos un papel tornasolado en una muestra de heces alcalinas aparecerá un color:

a) Azul.
b) Rojo.
c) Verde.
d) Amarillo.

20. El método más extendido para la determinación de sangre oculta en heces es:

a) Método del guayaco.
b) Prueba de Benedict.
c) Tableta de Clinitest.
d) Test de Fisher.

Solución al test n.º 25

1. d) Insulina.

2. b) El almacenamiento de sustancias tóxicas.

3. a) Evitar el reflujo gastroesofágico.

4. c) 150 g.

5. a) Neoplasias.

6. d) Amarillo.

7. a) Método del guayaco.

8. b) Azul de metileno de Loeffler.

9. c) 0.25 g/dl.

10. b) Detectar problemas de absorción.

11. a) Van Kamer.

12. c) Almidón sin digerir.

13. c) Aparición de sangre roja brillante en heces.

14. d) Diverticulosis crónica.

15. d) Todas son ciertas.

16. b) Aclaramiento de la antitripsina.

17. a) Producen el vómito.

18. a) Neoplasias.

19. d) Amarillo.

20. a) Método del guayaco.

TEST N.º 26

Técnicas de estudio de muestras de orina

1. El filtrado de la orina se realiza en:

a) Glomérulo.
b) Cápsula de Bowman.
c) Túbulos contorneados.
d) Todas son ciertas.

2. La orina presenta un color ámbar debido a la presencia de:

a) Urobilinógeno.
b) Urocromo.
c) Lecitina.
d) Indol.

3. En un examen macroscópico de la orina podemos considerar normal:

a) Una tonalidad verdosa.
b) Una tonalidad amarilla.
c) La presencia de moco.
d) Todo esto se considerará patológico.

4. Un paciente que ingiere 4 litros de líquido y que orina 3,8 litros es un paciente:

a) Que puede presentar diabetes.
b) Que puede tener insuficiencia renal crónica.
c) Que puede deshidratarse si no corregimos la poliuria.
d) Es un paciente normal.

5. La diabetes insípida puede originar una orina con una densidad de:

a) 1.040.
b) 1.015.

c) 1.005.
d) 950.

6. Las tiras reactivas para la determinación del pH urinario deben ser guardadas:

a) A una temperatura de 8 ºC.
b) En la nevera.
c) En lugares secos y frescos.
d) En lugares húmedos alejados de la luz.

7. La principal proteína que nos podemos encontrar en la orina es:

a) Albúmina.
b) Bence-Jones.
c) Alfaglobulinas.
d) Betaglobulinas.

8. Para determinar la proteinuria mediante tiras reactivas deberemos:

a) Utilizar una muestra que no está centrifugada.
b) Introducir la tira reactiva durante un minuto.
c) Dejar secar la tira en papel de filtro.
d) Todas son ciertas.

9. Para realizar el método de Dhommée para la determinación de proteinuria deberemos centrifugar la muestra:

a) 15 minutos a 1800 rpm.
b) 4 minutos a 2000 rpm.
c) 10 minutos a 3000 rpm.
d) No se debe centrifugar la muestra.

10. Para realizar el método de Biuret para la determinación de proteínas en orina:

a) Usaremos la primera orina de la mañana.
b) Usaremos cualquier muestra de orina.
c) Usaremos orina de 24 h.
d) No importa la muestra que se use, solo necesitamos 10 ml.

11. El test de Fehling para la determinación de glucosuria será positivo si:

a) Aparece un precipitado tras calentar la muestra a ebullición.
b) Aparece un precipitado tras añadir la solución.
c) Aparece un anillo amarillo que podemos cuantificar a 540.
d) El test de Fehling no determina la glucosuria.

12. Consideraremos normal el test de Benedict si:

a) No aparece cambio de tono ni precipitado.
b) Aparece opacidad verde pero no precipitado.
c) Aparece un sobrenadante rojo y un precipitado verde.
d) Aparece un sobrenadante azul.

13. En el método de la ortotoluidina el color permanece estable:

a) 30 minutos.
b) 24 h.
c) Siempre.
d) 1 hora.

14. En la determinación de la cetonuria por el método de Rothera no añadiremos al tubo:

a) Sulfato de amonio.
b) Suero hipertónico.
c) Nitroprusiato sódico.
d) Amoniaco.

15. En la orina podemos determinar la bilirrubina:

a) Directa.
b) Indirecta.
c) Libre.
d) Total.

16. La presencia de cilindros hemáticos es indicativa de:

a) Hemorragias en la nefrona.
b) Procesos inflamatorios.
c) Procesos degenerativos.
d) Todas son ciertas.

17. Los cristales de carbonato cálcico se distinguirán de los de oxalato cálcico mediante:

a) Fucsina.
b) Ácido acético.
c) Clorhidrato de potasio.
d) Uratos.

18. Si encontramos un cristal con forma de manojo de agujas pensaremos que es de:

a) Tirosina.
b) Ácido hipúrico.

c) Bilirrubina.
d) Todas son ciertas.

19. Para poner de manifiesto la presencia de aspirina en la orina deberemos añadir:

a) Cloruro férrico.
b) Acetona.
c) Zinc.
d) Acetato sódico.

20. Los hongos aparecerán en la orina en forma:

a) De cocos.
b) Como células ovaladas con flagelo.
c) Como formaciones ovoides e incoloras.
d) Como cristales romboidales.

Solución al test n.º 26

1. d) Todas son ciertas.

2. b) Urocromo.

3. c) La presencia de moco.

4. d) Es un paciente normal.

5. d) 950.

6. c) En lugares secos y frescos.

7. a) Albúmina.

8. a) Utilizar una muestra que no está centrifugada.

9. b) 4 minutos a 2000 rpm.

10. c) Usaremos orina de 24 h.

11. a) Aparece un precipitado tras calentar la muestra a ebullición.

12. b) Aparece opacidad verde pero no precipitado.

13. d) 1 hora.

14. b) Suero hipertónico.

15. a) Directa.

16. d) Todas son ciertas.

17. b) Ácido acético.

18. d) Todas son ciertas.

19. a) Cloruro férrico.

20. c) Como formaciones ovoides e incoloras.

Parámetros de laboratorio en la valoración de la infertilidad masculina y femenina

1. ¿Dónde desembocaran las vesículas seminales?

a) En el tubo eyaculador.
b) En el tubo recto.
c) En el túbulo contorneado distal.
d) En al túnica albugínea.

2. El surco balanoprepucial se encuentra:

a) Entre el glande y el prepucio.
b) Entre el prepucio y el tejido esponjoso.
c) En la base del pene.
d) Entre la entrada de la uretra y el prepucio.

3. Las células encargadas de nutrir a los espermatozoides en los tubos seminíferos se denominan:

a) Albugíneas.
b) Cuerpo de Highmore.
c) Sertoli.
d) Bartolini.

4. Las células de Leydig originan:

a) Testosterona.
b) FSH.
c) LH.
d) Todas son ciertas.

5. El escroto presenta una capa:

a) De piel.
b) De túnica vaginal.

c) Muscular.

d) El escroto presenta todas estas capas.

6. La parte de las trompas de Falopio donde se produce la recepción del óvulo se denomina:

a) Entrada.

b) Ampolla.

c) Istmo.

d) Pabellón.

7. La función del útero de albergar al huevo en su proceso de crecimiento se lleva a cabo por:

a) Su capa serosa.

b) Endometrio.

c) Su capa muscular.

d) El saco.

8. Es una función sexual de la vulva:

a) Permitir la expansión de la vagina.

b) Albergar a los espermatozoides.

c) Favorecer la movilidad de los espermatozoides.

d) Todas son funciones de la vulva.

9. No es cierto que el óvulo:

a) No se forma, la mujer nace con un número determinado de células.

b) Madura en los ovarios.

c) Es una célula diploide.

d) Cuando comienza la maduración sexual de la mujer las hormonas sexuales darán la orden de iniciar su maduración.

10. Para afirmar que existen alteraciones en la fertilidad de una pareja hace falta:

a) Al menos un año de relaciones sin ningún método anticonceptivo sin lograr el objetivo.

b) Al menos dos abortos consecutivos.

c) Es un criterio subjetivo que se considerará tras 3 meses de pruebas sin resultados.

d) Al menos 6 meses de relaciones sin ningún método anticonceptivo sin lograr el objetivo.

11. La OMS recomienda que al hacer una pesada del semen tendremos en cuenta que 1 ml coincidirá con:

a) 1 mg.

b) 1 g.

c) 10 g.
d) 0,1 mg.

12. La elevada presencia del ácido cítrico del semen proviene de:

a) Vesículas seminales.
b) Conductos deferentes.
c) Epidídimo.
d) Secreción prostática.

13. Consideraremos normal un pH del semen de:

a) 6.1.
b) 6.8.
c) 7.3.
d) 8.2.

14. Los espermatozoides se contabilizarán en una cámara:

a) Neubauer.
b) Rosenthal.
c) Thomas.
d) Bürker.

15. Para identificar los leucocitos en el semen usaremos una tinción:

a) Eosina.
b) Peroxidasa.
c) Gram.
d) Todas son ciertas.

16. La OMS indica que para determinar la movilidad de los espermatozoides debemos:

a) Atemperar la muestra.
b) Examinar a 200X.
c) Teñir la muestra con peroxidasa.
d) Todas son ciertas.

17. Consideraremos normal un porcentaje de espermatozoides vivos móviles superior a:

a) 40 %.
b) 50 %.
c) 60 %.
d) 70 %.

18. Consideraremos positivo el test de permeabilidad de la membrana si:

a) El espermatozoide aparece teñido de negro.
b) El espermatozoide aparece inmóvil.
c) El espermatozoide presenta una cabeza naranja.
d) El espermatozoide presenta una inflamación en la cola.

19. Es falso que el moco cervical:

a) Presenta un punto alto de viscosidad durante la ovulación.
b) Cambia sus características a lo largo del ciclo.
c) Sirve de medio de desplazamiento y nutrición para los espermatozoides.
d) Presenta una gran cantidad en la fase folicular.

20. La inseminación artificial consiste en:

a) Introducción del semen en el útero de la paciente.
b) Introducción del óvulo en el útero de la paciente.
c) La introducción del embrión directamente en el útero.
d) La fecundación externa para introducir directamente el óvulo fecundado.

Solución al test n.º 27

1. a) En el tubo eyaculador.

2. a) Entre el glande y el prepucio.

3. c) Sertoli.

4. a) Testosterona.

5. d) El escroto presenta todas estas capas.

6. d) Pabellón.

7. b) Endometrio.

8. a) Permitir la expansión de la vagina.

9. c) Es una célula diploide.

10. a) Al menos un año de relaciones sin ningún método anticonceptivo sin lograr el objetivo.

11. b) 1 g.

12. d) Secreción prostática.

13. c) 7.3.

14. a) Neubauer.

15. b) Peroxidasa.

16. a) Atemperar la muestra.

17. c) 60 %.

18. d) El espermatozoide presenta una inflamación en la cola.

19. a) Presenta un punto alto de viscosidad durante la ovulación.

20. a) Introducción del semen en el útero de la paciente.

TEST N.º 28

Clasificación de las proteínas: características. Determinación de enzimas

1. Las proteínas se componen de:

a) Carbono.
b) Hidrógeno.
c) Nitrógeno.
d) Todas son ciertas.

2. La tirosina es un aminoácido que según su estructura pertenece al grupo de:

a) Diaminomonocarboxílico.
b) Monoaminomonocarboxílico sulfatado.
c) Monoaminomonocarboxílico alcalino.
d) Cíclico aromático.

3. ¿Cuál de los siguientes es un aminoácido monoaminomonocarboxílico alcalino?

a) Valina.
b) Cisteína.
c) Metionina.
d) Treonina.

4. No es un aminoácido cíclico aromático:

a) Triptófano.
b) Fenilalanina.
c) Glutamato.
d) Histidina.

5. Una conformación en giro pertenece a una estructura:

a) Primaria.
b) Secundaria.
c) Terciaria.
d) Cuaternaria.

6. La albúmina sérica:

a) Presenta una vida media de 40 días.
b) Es la principal responsable de la presión oncótica.
c) Presenta un peso molecular muy alto.
d) Todas son ciertas.

7. ¿De qué factores de estos depende la solubilidad en plasma de las proteínas séricas?

a) La temperatura.
b) La fuerza iónica y el pH.
c) Las propiedades eléctricas del disolvente.
d) Todo lo anterior.

8. ¿Qué proteína sérica de estas presenta el menor pH isoeléctrico?

a) Ureasa.
b) Pepsina.
c) Citocromo C.
d) Globulina.

9. ¿A partir de qué temperatura las proteínas se desnaturalizan y por ello su solubilidad cae en picado?

a) Mayor de 20 ºC.
b) Mayor de 30 ºC.
c) Mayor de 40 ºC.
d) Mayor de 50 ºC.

10. ¿Qué método de laboratorio basado en la utilización de una corriente eléctrica controlada, se emplea con la finalidad de separar biomoléculas según su carga eléctrica y tamaño a través de una matriz gelatinosa?

a) Cromatografía de intercambio iónico.
b) Métodos de la especificidad de los ligandos.
c) Métodos electroforéticos.
d) Ultrafiltración.

11. ¿Qué técnica se empleará para separar las proteínas basándonos en la especificidad de los ligandos?

a) Cromatografía de intercambio iónico.
b) Cromatografía de afinidad.
c) Método electroforético.
d) Ultrafiltración.

12. Si una vitamina está asociada a la enzima para realizar su actividad se denomina:

a) Holoenzima.
b) Activador.
c) Coenzima.
d) Apoenzima.

13. ¿Qué tipo de sustancias pueden aumentar la velocidad de la reacción?

a) Iones metálicos.
b) Vitaminas.
c) Proteínas.
d) Fármacos.

14. El método para determinar la actividad enzimática que mide la velocidad de reacción, se denomina:

a) Método cinético.
b) Método a punto inicial.
c) Método a punto final.
d) Método a punto intermedio.

15. Señala el enunciado incorrecto en relación a las características de las enzimas utilizadas como marcadores de lesión tisular:

a) Las enzimas que se utilizan en el diagnóstico son enzimas extracelulares cuya concentración en plasma es muy baja.
b) Su relación concentración/plasma en tejidos es < 1:1000.
c) La presencia de niveles elevados de enzima en suero implica lesión celular.
d) La cantidad de actividad enzimática medible depende de su liberación al medio, de la estabilidad del enzima y de su velocidad de eliminación.

16. La constante Km:

a) Es la concentración de sustrato a la que la reacción transcurre a la mitad de la velocidad máxima.
b) Es la velocidad referida de una concentración.
c) no tiene dimensión, es decir no mide nada.
d) Es la concentración de un sustrato referida en el tiempo.

17. Una enzima de importancia clínica cataliza la transferencia del grupo amino de la alanina al alfa-cetoglutarato. Indícala:

a) Fosfatasa alcalina.
b) Fosfatasa ácida no prostática.

c) GOT.
d) GPT.

18. El sustrato utilizado generalmente en las reacciones de las técnicas cinéticas empleadas para la determinación de fosfatasas alcalinas es:

a) p-nitrofenilfosfato.
b) p-nitrofenol.
c) alfa-cetoglutaratofosfato.
d) alfa-glutarato.

19. El cofactor de la ALT es:

a) Piridoxal fosfato.
b) No necesita.
c) Calcio.
d) Magnesio.

20. La amilasa necesita como cofactor:

a) Calcio.
b) Piridixal fosfato.
c) Magnesio.
d) No necesita.

Solución al test n.º 28

1. d) Todas son ciertas.

2. d) Cíclico aromático.

3. d) Treonina.

4. c) Glutamato.

5. c) Terciaria.

6. b) Es la principal responsable de la presión oncótica.

7. d) Todo lo anterior.

8. b) Pepsina.

9. c) Mayor de 40 ºC.

10. c) Métodos electroforéticos.

11. b) Cromatografía de afinidad.

12. c) Coenzima.

13. a) Iones metálicos.

14. a) Método cinético.

15. a) Las enzimas que se utilizan en el diagnóstico son enzimas extracelulares cuya concentración en plasma es muy baja.

16. a) Es la concentración de sustrato a la que la reacción transcurre a la mitad de la velocidad máxima.

17. d) GPT.

18. b) p-nitrofenol.

19. a) Piridoxal fosfato.

20. a) Calcio.

Screening neonatal. Detección de errores innatos del metabolismo y otras enfermedades

1. ¿Cuál de las siguientes afirmaciones sobre el recuento diario de movimientos fetales es falsa?

a) Constituye un signo de alerta.
b) Se considera positiva si aparecen menos de 3 movimientos en una hora.
c) Hay que realizarla en un medio sanitario.
d) Si sale positiva hay que realizar pruebas de confirmación.

2. La realización de ecografías nos permitirá sobre todo determinar:

a) La presencia de anomalías fetales.
b) La evaluación del crecimiento.
c) La evaluación del desarrollo fetal.
d) Todas son ciertas.

3. La competencia respiratoria de la placenta se determina mediante:

a) Analíticas maternas.
b) Analíticas fetales.
c) Ecografía.
d) Monitorización de la FCF.

4. En la prueba sin tensión someteremos a la gestante a una monitorización de:

a) 10 minutos.
b) 15 minutos.
c) 20 minutos.
d) No hace falta la monitorización gestante para esta prueba.

5. Si realizamos una PCT y obtenemos un resultado insatisfactorio deberemos:

a) Realizar pruebas de confirmación de forma inmediata.
b) Realizar una ecografía que asegure el bienestar fetal.

c) Repetir la prueba en 24 horas.
d) Es normal, no haremos nada.

6. La resonancia magnética:

a) Utiliza radiación ionizante.
b) Es una técnica no invasiva.
c) Nos ofrece una visión del feto en tiempo real.
d) Todas son ciertas.

7. Principalmente usaremos la ecodoppler para determinar:

a) El flujo sanguíneo del feto y la placenta.
b) La aparición de malformaciones anatómicas.
c) El estado general del feto.
d) El desarrollo normal del feto.

8. Si realizamos una analítica a la gestante y observamos que presenta el AFO bajo, la GCH baja y el estriol durante el segundo trimestre bajo sospecharemos que el feto:

a) No presenta ninguna anomalía.
b) Presenta una alteración del tubo neuronal.
c) Presenta una trisomía del par 21.
d) Presenta una trisomía del par 18.

9. La biopsia corial:

a) Presenta un tiempo de respuesta muy largo.
b) Puede realizarse en el primer trimestre.
c) Solo nos va a indicar patologías maternas.
d) Todas son ciertas.

10. ¿Cuál de las siguientes afirmaciones sobre la cordocentesis es falsa?

a) Permite la obtención de sangre materna.
b) Hay que realizarla bajo control ecográfico.
c) La punción se realizará a unos 2 cm de la placenta.
d) Se puede realizar desde la semana 17.

11. No es una complicación directa de la amnioscopia:

a) Infección.
b) Rotura de bolsa.
c) Muerte fetal.
d) Parto.

12. El lactógeno placentario humano alcanza su mayor nivel en:

a) La semana 15.
b) La semana 20.
c) La semana 24.
d) La semana 37.

13. Las tarjetas que se utilizan en el *screening* neonatal se conocen como:

a) Tarjetas de Guthrie.
b) Tarjetas de Gaus.
c) Tarjetas de *screening*.
d) Prueba del talón.

14. La detección de pruebas de *screening*:

a) Es dependiente de cada comunidad autónoma.
b) Es dependiente solo de la normativa nacional.
c) La marca la OMS.
d) La marca la CEE.

15. No es un marcador bioquímico del hipotiroidismo congénito:

a) TSH.
b) Tiroxina total.
c) Tetraciclina.
d) T4T.

16. La fibrosis quística aparece por una alteración de la proteína:

a) CFTR.
b) IRT.
c) TYR.
d) SHB.

17. La galactosemia no va a originar alteración de:

a) Ojos.
b) Pulmones.
c) Hígado.
d) Riñones.

18. Para realizar la prueba del talón no deberemos:

a) Pinchar al niño con una lanceta.
b) Llenar de forma adecuada los espacios.

c) Desinfectar la zona con yodo.
d) Controlar la profundidad de la punción.

19. Para el diagnóstico de una hiperfenilalaninemias determinaremos:

a) La Fenilalanina en sangre siempre después del 5º día.
b) La T4.
c) El azúcar en reposo.
d) La homocisteína.

20. La hiperplasia suprarrenal congénita se caracteriza por la deficiencia de:

a) Deficiencia de 21-hidroxilasa.
b) Uridiltransferasa.
c) Galactoquinasa.
d) Todas son correctas.

Solución al test n.º 29

1. c) Hay que realizarla en un medio sanitario.

2. d) Todas son ciertas.

3. d) Monitorización de la FCF.

4. c) 20 minutos.

5. c) Repetir la prueba en 24 horas.

6. b) Es una técnica no invasiva.

7. a) El flujo sanguíneo del feto y la placenta.

8. d) Presenta una trisomía del par 18.

9. b) Puede realizarse en el primer trimestre.

10. a) Permite la obtención de sangre materna.

11. c) Muerte fetal.

12. d) La semana 37.

13. a) Tarjetas de Guthrie.

14. a) Es dependiente de cada comunidad autónoma.

15. c) Tetraciclina.

16. a) CFTR.

17. b) Pulmones.

18. c) Desinfectar la zona con yodo.

19. a) La Fenilalanina en sangre siempre después del 5º día.

20. a) Deficiencia de 21-hidroxilasa.

TEST N.º 30

Tipos de medios de cultivo: clasificación según consistencia, origen, composición y utilidad

1. ¿Quién fue el primer científico que se dedico a aislar los microorganismos, incubarlos y posteriormente estudiarlos?

a) Antoni Van Leeuwenhoek.
b) Pasteur.
c) Haeckel.
d) Koch.

2. Las fimbrias o pilis:

a) Se relacionan con el movimiento bacteriano.
b) Están compuestas por flagelina.
c) Poseen capacidad de adherencia y transferencia de material genético de una bacteria a otra.
d) Todas las respuestas son correctas.

3. Las bacterias cuando se dividen tienden a permanecer unidas mediante:

a) Cilios.
b) Flagelos.
c) Pilis.
d) Ninguna es correcta.

4. El componente fundamental de la pared celular es:

a) Proteínas.
b) Lípidos.
c) Peptidoglicano.
d) Acetil mureína.

5. Para estudiar el crecimiento bacteriano se utiliza:

a) El crecimiento del individuo.
b) El crecimiento poblacional.
c) Ambos tipos de crecimientos.
d) Los productos de las rutas metabólicas.

6. La generación de ATP proporciona la célula energía de enlace. Señala qué reacciones proporcionan ATP:

a) Generación de fuerza reductora.
b) Fosforilación oxidativa y de sustrato.
c) Generación de unidades estructurales biosintéticas.
d) Todas son correctas.

7. Una reacción catabólica:

a) Da lugar a la producción de unidades estructurales biosintéticas .
b) Produce precursores de UEB.
c) Degrada sustratos, con generación de energía de enlace y fuerza reductora.
d) Produce estructuras celulares.

8. En un medio líquido se aprecia el crecimiento bacteriano según:

a) Densidad.
b) Viraje de color.
c) Turbidez.
d) pH.

9. Las bacterias que poseen un metabolismo anaerobio, pero pueden tolerar el oxígeno, se denominan:

a) Anaerobios estrictos.
b) Anaerobios aero-tolerantes.
c) Anaerobios facultativos.
d) Microaerófilos.

10. Una bacteria psicrófila crece a una temperatura:

a) Entre 18 y 45 ºC.
b) Por encima de 45 y 70 ºC.
c) Inferior a -10 ºC.
d) Inferior a 20 ºC.

11. Para el crecimiento e incluso el aislamiento primario de todo tipo de gérmenes utilizaremos:

a) Medio base.
b) Medio de transporte.
c) Medio selectivo.
d) Medio diferencial.

12. Uno de los enunciados es incorrecto sobre el medio agar Mueller-Hinton:

a) Es un medio de cultivo recomendado universalmente para la realización de la prueba de sensibilidad a los antimicrobianos.
b) Es un medio de cultivo nutritivo y selectivo.
c) Puede ser sólido o líquido.
d) Fue desarrollado por John Howard Müeller.

13. Todos los medios de cultivo deben seguir un control de esterilidad. Éste se efectuará:

a) Dejando incubar todas las placas del lote durante 5 días a temperatura ambiente.
b) Dejando incubar algunas placas del lote durante dos días a 35 ºC y otros cinco días a temperatura ambiente.
c) Esterilizando algunas placas del lote en autoclave y dejándolas incubar con un microorganismo control.
d) Incubando antes de llevar las placas al autoclave.

14. ¿Cómo se realizaría una siembra desde unas muestras sólidas y utilizando el asa de siembra?

a) Desde la placa Petri o en tubo inclinado, tomando una colonia e inoculando por arrastre en la superficie solida mediante estrías muy juntas.
b) Se tomaran una o más colonias y s ese sembrarán en picadura.
c) Se introducirá el asa en la masa de agar después se pueden hacer estrías en la superficie si el agar es inclinado.
d) Realizando una suspensión bacteriana.

15. La siembra en un medio de cultivo líquido a partir de un cultivo sólido se debe realizar:

a) En condiciones de antisepsia.
b) En condiciones de asepsia.
c) En condiciones de sepsia.
d) En condiciones desinfectantes.

16. Señala cuál de las siguientes no es una ventaja del método en recuento de la cámara de Nuebauer:

a) Rápido.
b) Los frotis se pueden guardar.
c) La cantidad de muestra analizada es poca.
d) Se pueden observar las diferentes morfologías de los microorganismos.

17. ¿Cuántos pocillos tiene la placa de MALDI-TOF?

a) 15.
b) 28.
c) 55.
d) 96.

18. No un colorante vital:

a) Moreno de Bismark.
b) Azul de tripán.
c) Verde Janus.
d) Cristal de metanol.

19. La tinción de Gram:

a) Es la tinción diferencial más utilizada de forma rutinaria.
b) Divide a los microorganismos en tres grandes grupos.
c) Los Gram + son decolorados con alcohol-acetona, tras tratamiento con colorante básico y lugol.
d) Todas son correctas.

20. Si las esporas se observan verdes y las formas vegetativas de color rojo, es que hemos empleado el método de:

a) Método de Moeller.
b) Método de Wirtz.
c) Método Albert.
d) Método de Loeffler.

Solución al test n.º 30

1. b) Pasteur.

2. c) Poseen capacidad de adherencia y transferencia de material genético de una bacteria a otra.

3. c) Pilis.

4. c) Peptidoglicano.

5. c) Ambos tipos de crecimientos.

6. b) Fosforilación oxidativa y de sustrato.

7. c) Degrada sustratos, con generación de energía de enlace y fuerza reductora.

8. c) Turbidez.

9. b) Anaerobios aero-tolerantes.

10. d) Inferior a 20 ºC.

11. a) Medio base.

12. c) Es un medio de cultivo nutritivo y selectivo.

13. b) Dejando incubar algunas placas del lote durante dos días a 35 ºC y otros cinco días a temperatura ambiente.

14. a) Desde la placa Petri o en tubo inclinado, tomando una colonia e inoculando por arrastre en la superficie solida mediante estrías muy juntas.

15. b) En condiciones de asepsia.

16. c) La cantidad de muestra analizada es poca.

17. d) 96.

18. d) Cristal de metanol.

19. a) Es la tinción diferencial más utilizada de forma rutinaria.

20. b) Método de Wirtz.

Gérmenes del tracto respiratorio: clasificación, significado clínico, determinación de la sensibilidad y tratamiento

1. No es una condición previa que tenga que cumplir el paciente, ante la toma de muestra de secreción faríngea:

a) No tomar antibióticos en los últimos 8 días previos a la obtención de la muestras.
b) Acudir en ayunas.
c) No debe cepillarse los dientes.
d) No debe usar colutorio.

2. Señala lo incorrecto del procesamiento de la muestra de secreción faríngea:

a) Se realizará cultivo en agar sangre con la torunda, rotando esta de modo que toda su superficie quede en contacto sobre el primer cuadrante de inoculación en placa.
b) Extenderemos la muestra con una gasa estéril por los tres cuadrantes restantes de la placa, para que queden bien aisladas.
c) Una vez extendida la muestra por la placa se realizan varias incisiones en el medio para favorecer la visualización de la betahemólisis.
d) Si hay betahemólisis sugiere presencia de *S. aureus*.

3. En una placa de agar sangre (AS) observamos colonias pequeñas de 1 a 1,5 mm de diámetro, rodeadas de un halo de hemólisis completa, al realizar Gram se tiñen de azul y están dispuestas en cadena; esto nos hará pensar que se trata de:

a) *Staphylococcus.*
b) *Streptococcus.*
c) Neisseria.
d) Candida.

4. De las siguientes citas, ¿qué microorganismo produce faringitis no estreptocócica?

a) *Arcanobacterium haemolyticum.*
b) *N. gonorrhoeae.*

c) *Mycoplasma pneumoniae.*
d) Todas son correctas.

5. Para diferenciar el *Streptcoccus pyogenes* de un enterococo se realiza la prueba de la bilis esculina, que:

a) Es positiva para enterococos.
b) Es positiva para el estreptococo.
c) Es negativa para enterococos.
d) Todas con correctas.

6. Para la identificación de los estreptococos:

a) Se hacen crecer en medios que contienen sangre y en algunos medios selectivos como el agar columbia.
b) Pruebas de serología como la prueba de precipitación de Lancefield y aglutinación con látex.
c) Para la identificación de *S. pyogenes* se observa si es sensible a la bacitracina.
d) Todas son correctas.

7. Para diferenciar el *Streptococo pyogenes* de un enterococo se realiza:

a) Prueba PYR.
b) Prueba de la bilis esculina.
c) Prueba de discos de bacitracina.
d) Prueba del collar de perlas.

8. Los estreptococos crecen:

a) En medios que contienen sangre.
b) En medios selectivos como agar columbia con colistina y ácido nalidíxico.
c) En atmósferas con 5-10 % de CO_2.
d) Todas son ciertas.

9. Cita qué pruebas de serología se basan en la detección de los antígenos de pared de estreptococos:

a) Prueba de precipitación de Lancefield.
b) Aglutinación con látex para diagnóstico rápido.
c) Las respuestas a) y b) son correctas.
d) Las respuestas a) y b) son falsas.

10. La prueba de bacitracina solo se realiza con:

a) Estreptococos betahemolíticos.
b) Estreptococos alfahemolíticos.

c) Estreptococos gammahemolíticos.
d) Enterococos.

11. El *Streptococcus pyogenes* es un:

a) Coco catalasa positivo.
b) Bacilo catalasa negativo.
c) Alfahemolítico.
d) Betahemolítico.

12 *N. meningitidis* puede:

a) Provocar neumonías.
b) Provocar poliartritis.
c) Producir endocarditis.
d) Todas son correctas.

13. Para realizar una toma de muestra de *N. meningitidis*:

a) Se introduce hisopo estéril en la orofaringe.
b) Se introduce un escobillón en la nasofaringe.
c) Se realiza una extracción de líquido sinovial.
d) Las respuestas b) y c) son correctas.

14. El medio de cultivo más utilizado para *Bordetella* es:

a) Agar de Bordet-Gengou.
b) Agar sangre.
c) Agar Chapman.
d) Las respuestas a) y b) son correctas.

15. La tos ferina está producida por:

a) Brucella.
b) Bordetella.
c) Pseudomonas.
d) Todas son falsas.

16. Uno de los siguientes microorganismos puede causar faringitis:

a) *S. pyogenes*.
b) N. meningitidis.
c) *Arcanobacterium haemolyticum*.
d) Todos pueden causar faringitis.

17. El tracto respiratorio está dotado de mecanismos de protección frente a las infecciones; señala cuál es uno de ellos:

a) Mucus.
b) Pelos.
c) IgA.
d) Todas son correctas.

18. No es una infección del tracto respiratorio superior:

a) Angina de Vincent.
b) Difteria.
c) Tuberculosis.
d) Tos ferina.

19. No es un comensal de la vía respiratoria superior:

a) *Streptococcus sp.*
b) *Bacteroides sp.*
c) *Candida sp.*
d) Todos lo son.

20. La escarlatina está causada por:

a) *S. aureus.*
b) SBHA (Streptococcus Beta-Hemolítico del Grupo A).
c) *C. diphtheriae.*
d) *H. influenzae.*

Solución al test n.º 31

1. c) No debe cepillarse los dientes.

2. d) Si hay betahemólisis sugiere presencia de *S. aureus*.

3. b) *Streptococcus*.

4. d) Todas son correctas.

5. a) Es positiva para enterococos.

6. d) Todas son correctas.

7. b) Prueba de la bilis esculina.

8. d) Todas son ciertas.

9. c) Las respuestas a) y b) son correctas.

10. a) Estreptococos betahemolíticos.

11. d) Betahemolítico.

12. d) Todas son correctas.

13. b) Se introduce un escobillón en la nasofaringe.

14. a) Agar de Bordet-Gengou.

15. b) Bordetella.

16. d) Todos pueden causar faringitis.

17. d) Todas son correctas.

18. c) Tuberculosis.

19. d) Todos lo son.

20. b) SBHA (Streptococcus Beta-Hemolítico del Grupo A).

Gérmenes del tracto genitourinario: tinciones diferenciales (material y técnica)

1. Las infecciones del tracto urinario pueden adquirirse:

a) Por vía ascendente.
b) Por vía descendente.
c) Por vía hematógena.
d) Todas son correctas.

2. La infección del parénquima renal se denomina:

a) Cistitis.
b) Piuria.
c) Pielonefritis.
d) Nefritis.

3. Uno de los siguientes gérmenes no es flora habitual de los genitales externos y uretra anterior:

a) Estafilococos coagulasa positiva.
b) *E. coli*.
c) Levaduras.
d) Estreptococos.

4. Son gérmenes productores de infecciones del tracto urinario:

a) *Proteus mirabilis*.
b) *Klebsiella pneumoniae*.
c) *Enterococcus sp*.
d) Todos lo son.

5. El examen de los elementos formes de la orina:

a) Permite cuantificar e identificar los agentes causales.
b) Permite estudiar la sensibilidad a los antibióticos.

c) Informa sobre la presencia de leucocitos polimorfornucleares que se traducen en daño tisular.

d) Permite el estudio de la sintomatología clínica.

6. Para la realización de un urocultivo:

a) Se inocula una cantidad medida de orina en cada uno de los medios.

b) Se usan asas calibradas de 0,01 o 0,001 ml.

c) Se dibujan estrías en el medio de cultivo que cruzan la estría inicial.

d) Todas son correctas.

7. Una vez realizado el urocultivo se incuba en condiciones aerobias durante 24 horas a 35-37 ºC y transcurrido ese tiempo se cuentan las colonias. Si hemos utilizado un asa de 1 µl y se cuentan 50 colonias. ¿Qué significado tiene?

a) Que en 1 mm hay 500.000 ufc.

b) Que en 1 ml hay 50.000 ufc.

c) Que en 1ml hay 5.000 ufc.

d) Que en 1 ml hay 500 ufc.

8. Si un urocultivo presenta 60.000 ufm , podemos decir:

a) Que no es probable la infección.

b) Que la infección es probable.

c) Que la infección es segura.

d) Que hay piuria.

9. Para un urocultivo utilizamos como medio de cultivo:

a) Agar sangre: para la identificación de microorganismos hemolíticos, como los estreptococos.

b) Agar MacConkey: es un medio diferencial para el aislamiento e identificación de enterobacterias y otros bacilos entéricos gramnegativos.

c) Agar CLED. Es un medio que evita el crecimiento de oleadas del *proteus*. Cuando crece así evita la observación de otras colonias, por lo que este medio mejora esta observación.

d) Todas son correctas.

10. Para valorar un urocultivo como infección segura, ¿cuántas ufc/ml deberíamos encontrar en una placa inoculada con la muestra de orina?

a) Menos de 10.000 ufc/ml.

b) Entre 10.000 y 100.000 ufc/ml.

c) Más de 100.000 ufc/ml.

d) No debe aparecer ninguna colonia en la placa inoculada.

11. Las infecciones del tracto urinario:

a) Son principalmente de causa vírica.
b) Las patologías más frecuentes son la cistitis y la pielonefritis.
c) El diagnóstico se realiza generalmente a través de la clínica.
d) Todas son correctas.

12. Son características de la cistitis:

a) Bacteriuria y piuria.
b) Disuria y polaquiuria.
c) Orina mal oliente y hematuria.
d) Todas son características.

13. Un paciente con pielonefritis no presenta como síntomas y signos:

a) Pirexia.
b) Dolor lumbar y puño percusión positiva.
c) Abundante hematuria.
d) A veces náuseas y vómitos.

14. ¿Cuál es el microorganismo más implicado en las infecciones del tracto urinario?

a) *Proteus mirabilis.*
b) *E. coli.*
c) *Enterococcus.*
d) Pseudomonas.

15. El diagnóstico microbiológico de las infecciones urinarias se sustenta en:

a) El urocultivo: que permite cuantificar e identificar los agentes causales y estudiar su sensibilidad a los antibióticos.
b) El examen de los elementos formes de la orina.
c) La sintomatología clínica.
d) En todo lo anterior.

16. ¿Qué estreptococo se localiza habitualmente en el tracto genitourinario y puede ser transmitido a un neonato por el canal del parto?

a) *S. agalactiae.*
b*) S. viridians.*
c) *S. pneumoniae.*
d) *S. pyogenes.*

17. ¿Qué microorganismo es el responsable de la enfermedad de transmisión sexual denominada chancro blando?

a) *Neisseria gonorrhoeae.*
b) *Bordetella pertussis.*
c) Hae*mophilus ducreyi.*
d) Aeromonas.

18. De los siguientes microorganismos que se citan a continuación, señala cuál de ellos se observa como un bacilo o cocobacilo tanto gramnegativo como grampositivo, y está asociado a la vaginosis bacteriana:

a) Aeromonas.
b) Trichomonas.
c) Gardnerella.
d) Pseudomona.

19. ¿Qué tipo de células se observan en un exudado vaginal si se sospecha la presencia de G. vaginalis?

a) Células queratinizadas.
b) Células clave o clue.
c) Células hormonales.
d) Células parietales.

20. ¿Qué parásito intracelular es causante del tracoma?

a) *Mycoplasma trachomatis.*
b) *Micobacterium trachomatis.*
c) *Chlamydia trachomatis.*
d) *Borrelia trachomatis.*

Solución al test n.º 32

1. d) Todas son correctas.

2. c) Pielonefritis.

3. a) Estafilococos coagulasa positiva.

4. d) Todos lo son.

5. c) Informa sobre la presencia de leucocitos polimorfornucleares que se traducen en daño tisular.

6. d) Todas son correctas.

7. b) Que en 1 ml hay 50.000 ufc.

8. b) Que la infección es probable.

9. d) Todas son correctas.

10. c) Más de 100.000 ufc/ml.

11. b) Las patologías más frecuentes son la cistitis y la pielonefritis.

12. d) Todas son características.

13. c) Abundante hematuria.

14. b) *E. coli*.

15. d) En todo lo anterior.

16. a) *S. agalactiae*.

17. c) Haemophilus ducreyi.

18. c) Gardnerella.

19. b) Células clave o clue.

20. c) *Chlamydia trachomatis*.

Hemocultivos, incubación y sistemas automáticos. Mycobacterias y hongos: clasificación y medios de cultivo adecuados para su aislamiento e identificación

1. La recomendación general del número de hemocultivos es de:

a) 2 hemocultivos en 24 horas.
b) 1 hemocultivo en 12 horas.
c) 3 hemocultivos en 24 horas.
d) 4 hemocultivos en 24 horas.

2. En una de las siguientes situaciones no es necesaria la realización de un hemocultivo:

a) Meningitis.
b) Neumonía.
c) Pacientes con anemia.
d) Endocarditis.

3. El mejor momento para obtener la muestra de sangre para un hemocultivo es:

a) Entre 3 horas y 1 hora.
b) Entre 2 horas y 30 minutos.
c) Entre 1 hora y 10 minutos.
d) A los 60 minutos.

4. Señala el enunciado correcto en relación con los hemocultivos:

a) Se recomienda obtener dos hemocultivos en 12 horas separados por 30 a 60 minutos.
b) Se recomienda obtener un hemocultivo en 2 horas, y después otro.
c) Se recomienda obtener dos hemocultivos en 24 horas separados por 30 a 60 minutos, o bien al mismo tiempo.
d) Ninguna es cierta.

5. Señala el enunciado correcto en relación con los hemocultivos:

a) La probabilidad de que el resultado de los hemocultivos positivos represente una bacteriemia verdadera aumenta cuando la muestra se obtiene adecuadamente.

b) Si la muestra se obtiene por catéter venoso central se debe saber que es una muestra inadecuada.

c) Para la obtención de la muestra se utiliza sangre venosa.

d) Todas son correctas.

6. ¿Cuántos hemocultivos son necesarios para diagnosticar una septicemia continua o intermitente?

a) 1.

b) 2.

c) 2-3.

d) > 5.

7. ¿Qué anticoagulante empleará el Técnico/a para realizar el hemocultivo?

a) Heparina.

b) SPS.

c) EDTA.

d) Citrato.

8. El SPS puede inhibir el crecimiento de algunas bacterias; señala cuál de ellas:

a) Neisseria.

b) Gardnerella spp.

c) Streptobacillus moniliformes.

d) Puede inhibir todas.

9. ¿Qué contienen los frascos para hemocultivos comerciales?

a) Caldo de tripticasa y soja.

b) Caldo de infusión cerebro-corazón.

c) Peptona complementada o caldo tioglicolato.

d) Pueden contener todo lo anterior.

10. Un equipo de hemocultivo debe incluir:

a) Un frasco de hemocultivo destinado a bacterias aerobias con un potencial de reducción bajo, para permitir el desarrollo de microorganismos facultativos y algunos anaerobios.

b) Un frasco de hemocultivo destinado a bacterias anaerobias con sistema de ventilación.

c) Las respuestas a) y b) son falsas.

d) Las respuestas a) y b) son verdaderas.

11. El sistema BACTEC:

a) Mide los cambios de pH.
b) Mide los cambios turbidimétricos.
c) Mide la producción de dióxido de carbono de los microorganismos.
d) Mide la disminución de oxígeno.

12. Los hongos pueden ser:

a) Unicelulares.
b) Pluricelulares.
c) Dimórficos.
d) Todas son ciertas.

13. ¿Cuál de las siguientes características macroscópicas corresponde a *Candida albicans*?

a) Colonias lisas de color rosado y aspecto mucoso.
b) Colonias mates, blancas y cremosas.
c) Colonias blancas, lisas y brillantes.
d) Ninguna de las anteriores es cierta.

14. Las micobacterias son:

a) Anaerobios.
b) Inmóviles.
c) Oportunistas.
d) Todas son ciertas.

15. En la tinción Ziehl-Neelsen las micobacterias aparecen de color:

a) Rojo.
b) Violeta.
c) Azul.
d) Amarillo.

16. En la tinción Kinyoun las micobacterias aparecen teñidas de color:

a) Rojo.
b) Violeta.
c) Azul.
d) Amarillo.

17. ¿Cuál es el agente descontaminante más empleado para las muestras no estériles de micobacterias?

a) N-acetil L-cisteína.
b) Mucolíticos.

147

c) Peróxido de acetil.
d) Hidróxido sódico.

18. El micelio es típico de:

a) Artrópodos.
b) Parásitos.
c) Hongos.
d) Esporas.

19. Señala la respuesta falsa en relación con los hongos:

a) Son eucariotas.
b) Son heterótrofos.
c) Tienen una pared celular muy flexible.
d) La pared celular presenta quitina.

20. ¿Qué es un micelio?

a) El conjunto de varias levaduras.
b) Es sinónimo de espora.
c) Un tipo de hongos.
d) El conjunto de hifas con sus ramificaciones.

Solución al test n.º 33

1. a) 2 hemocultivos en 24 horas.

2. c) Pacientes con anemia.

3. b) Entre 2 horas y 30 minutos.

4. d) Ninguna es cierta.

5. d) Todas son correctas.

6. c) 2-3.

7. b) SPS.

8. d) Puede inhibir todas.

9. d) Pueden contener todo lo anterior.

10. a) Un frasco de hemocultivo destinado a bacterias aerobias con un potencial de reducción bajo, para permitir el desarrollo de microorganismos facultativos y algunos anaerobios.

11. c) Mide la producción de dióxido de carbono de los microorganismos.

12. d) Todas son ciertas.

13. c) Colonias blancas, lisas y brillantes.

14. b) Inmóviles.

15. a) Rojo.

16. a) Rojo.

17. d) Hidróxido sódico.

18. c) Hongos.

19. c) Tienen una pared celular muy flexible.

20. d) El conjunto de hifas con sus ramificaciones.

Técnicas de separación de moléculas: centrifugación, electroforesis y técnicas relacionadas: cromatográficas

1. Los métodos de separación química:

a) Son métodos que destruyen las sustancias originales.
b) Son métodos que reciben el nombre de cristalización y precipitación.
c) Están relacionados con la solubilidad.
d) Todas son correctas.

2. El valor de máxima solubilidad de una sustancia en un determinado disolvente recibe el nombre de:

a) Punto isoeléctrico.
b) Concentración de saturación.
c) Osmolaridad.
d) Solvente.

3. Un exceso de concentración de saturación provocará la aparición de:

a) Cristales.
b) Precipitados.
c) Exceso de sólido.
d) Sedimentos.

4. Cuando un sólido en una disolución se ha formado de forma muy rápida y desordenada, y las partículas formadas son de tamaño muy pequeño, hablamos de:

a) Cristalización.
b) Precipitación.
c) Granulometría.
d) Gravimetría.

5. Si el sólido de una disolución se forma de modo lento, ordenado, con la aparición de partículas poliédricas de tamaño apreciable (a veces a simple vista), hablaremos de un proceso de:

a) Cristalización.
b) Precipitación.
c) Granulometría.
d) Gravimetría.

6. ¿Cuál es la diferencia entre el proceso de cristalización y precipitación?

a) La velocidad en la que se lleva a cabo el proceso.
b) El grado de control que se ejerza sobre las variables que en él intervengan.
c) Las opciones a y b son falsas.
d) Las opciones a y b son correctas.

7. La cristalización es el proceso por el cual:

a) Se forma un sólido cristalino a partir de un líquido.
b) Se forma un sólido cristalino a partir de una disolución.
c) Se forma un sólido cristalino a partir de un gas.
d) Todas son correctas.

8. La cristalización se emplea para:

a) Separar una mezcla de sólidos no solubles.
b) Separar una mezcla de líquidos no solubles.
c) Separar una mezcla de sólidos solubles en el mismo disolvente, pero con curvas de solubilidad diferentes.
d) Todas las respuestas anteriores son correctas.

9. Para la formación de un sólido cristalino:

a) Se utiliza la técnica del enfriamiento de una disolución concentrada.
b) Se utiliza la técnica de cambio de disolvente.
c) Se utiliza la sublimación.
d) Cualquiera de las técnicas anteriores se utilizan para la formación de un sólido cristalino.

10. ¿Qué método de purificación sólo se puede emplear si existe una variación importante de la solubilidad con la temperatura?

a) Sublimación.
b) Evaporación.
c) De enfriamiento de una disolución concentrada.
d) De enfriamiento de un sólido fundido.

11. Un precipitado es:

a) El cristal que se produce en una concentración saturada.
b) El quelato que precipita con el disolvente.
c) El sólido que se produce en una disolución por efecto de una reacción física.
d) El sólido que se produce en una disolución por efecto de una reacción química o bioquímica.

12. ¿Cuándo no ocurre la precipitación?

a) Cuando una sustancia soluble se une al disolvente insoluble.
b) Cuando una sustancia insoluble se forma en la disolución debido a una reacción química.
c) Cuando la disolución ha sido sobresaturada por algún compuesto.
d) Cuando la disolución no admite más soluto.

13. Cuando se forma el precipitado, este:

a) Cae al fondo de la disolución generalmente.
b) Si el precipitado es más denso que el resto de la disolución cae.
c) Si el precipitado es menos denso, flota.
d) Todas son correctas.

14. El proceso de precipitación:

a) Es útil en aplicaciones científicas e industriales.
b) Utiliza diversos métodos para la recogida de sólidos.
c) Los métodos alternativos son la filtración, decantación y centrifugación.
d) Todas las respuestas anteriores son correctas.

15. Para extraer sustancias que se encuentran disueltas en un líquido, ¿qué procedimiento se utiliza?

a) Destilación.
b) Extracción.
c) Criosustitución.
d) Liofilización.

16. Se llaman soluciones extractivas:

a) A aquellas que contienen solamente una parte de la sustancia quedando sin disolver una porción.
b) A las soluciones de menor peso denominadas marco.
c) A las sustancias que se extraen en un disolvente.
d) Todas son correctas.

17. ¿Qué operación no se efectúa para obtener soluciones extractivas?

a) Maceración.
b) Decocción.
c) Precipitación.
d) Infusión.

18. En la maceración y percolación, ¿a qué temperatura de extracción debemos realizarla?

a) 35-65 ºC.
b) 90-100 ºC.
c) 15-35 ºC.
d) > 100 ºC.

19. La maceración consiste en:

a) Mantener en contacto a temperatura ordinaria y durante un tiempo variable una cantidad determinada de sustancia machacada a la que queremos extraer el componente.
b) Verter en ebullición sobre la sustancia desmenuzada, dejándola después enfriar.
c) Se realiza, esencialmente, en un recipiente cilíndrico o ligeramente cónico, con o sin tapón, de cristal y que en el extremo inferior deja salir el líquido, bien sea por una llave de cristal que tiene en su estrangulamiento o bien colocando en la parte inferior del tubo un tapón de goma o de corcho, agujereado y por cuyo agujero pasa un pequeño tubo de cristal que no sobrepasa el tapón y al cual se empalma otro tubo de goma.
d) Todas son correctas

20. ¿A qué temperatura se realiza la infusión?

a) 15-35 ºC.
b) 90-100 ºC.
c) 35-65 ºC.
d) > 100 ºC.

Solución al test n.º 34

1. a) Son métodos que destruyen las sustancias originales.

2. b) Concentración de saturación.

3. c) Exceso de sólido.

4. b) Precipitación.

5. a) Cristalización.

6. d) Las opciones a y b son correctas.

7. d) Todas son correctas.

8. c) Separar una mezcla de sólidos solubles en el mismo disolvente, pero con curvas de solubilidad diferentes.

9. d) Cualquiera de las técnicas anteriores se utilizan para la formación de un sólido cristalino.

10. c) De enfriamiento de una disolución concentrada.

11. d) El sólido que se produce en una disolución por efecto de una reacción química o bioquímica.

12. a) Cuando una sustancia soluble se une al disolvente insoluble.

13. d) Todas son correctas.

14. d) Todas las respuestas anteriores son correctas.

15. b) Extracción.

16. a) A aquellas que contienen solamente una parte de la sustancia quedando sin disolver una porción.

17. c) Precipitación.

18. c) 15-35 ºC.

19. a) Mantener en contacto a temperatura ordinaria y durante un tiempo variable una cantidad determinada de sustancia machacada a la que queremos extraer el componente.

20. b) 90-100 ºC.

TEST N.º 35

Técnicas de medida de analitos: basadas en la detección de radiación electromagnética, electroquímicas, y otras técnicas (osmometría, inmunoanálisis...)

1. El conjunto de técnicas basadas en los fenómenos de interacción de la energía con la materia se denominan:

a) Técnicas electromagnéticas.
b) Técnicas espectrofotométricas.
c) Técnicas de fotometría.
d) Técnicas de radioisótopos.

2. La energía radiante se transmite en forma de:

a) Radiación electromagnética.
b) Calor.
c) Frecuencia de onda.
d) Fotones.

3. Si la REM se considera una onda, presentará como parámetros:

a) Longitud de onda.
b) Frecuencia.
c) Tiempo.
d) Las respuestas a y b son correctas.

4. La longitud de onda de la REM:

a) Es la distancia existente entre dos puntos equivalentes de una onda.
b) Se expresa en unidades de longitud, normalmente en Armstrong.
c) La inversa es el número de onda (v) o frecuencia.
d) Todas son correctas.

5. La REM:

a) Abarca un campo enorme de frecuencias y longitudes de ondas que constituyen el llamado espectro electromagnético.
b) Las radiaciones más energéticas son las de mayor longitud de onda.
c) Las radiaciones menos energéticas son las de menor longitud de onda.
d) Todas son correctas.

6. Al conjunto de corpúsculos llamados fotones, los cuales llevan asociada una onda, se denomina:

a) Radiaciones electromagnéticas.
b) Espectrofotometrico.
c) Ondas largas.
d) Ondas cortas.

7. La espectrofotometría de absorción consiste:

a) En la medida de la radiación que llega a un detector tras producirse un fenómeno de absorción de luz por parte de una sustancia absorbente.
b) En la medida de la radicaion como consecuencia de la excitación de los electrones.
c) En la medida de fenómenos de vibración y rotación.
d) En la medida del elemento que emite energía ionizada.

8. Según la Ley de Lambert-Beer:

a) La tramitancia de una solución aumenta exponencialmente al elevar la concentración de la especie absorbente.
b) La absorbancia de una solución disminuye linealmente al aumentar el paso de cubeta.
c) La absorbancia de una solución disminuye exponencialmente al disminuir la concentración de la especie absorbente.
d) La absorbancia de una solución aumenta linealmente al elevar la concentración de la especie absorbente.

9. La Ley de Beer dice:

a) La concentración de una sustancia es indirectamente proporcional a la cantidad de luz absorbida.
b) La concentración de una sustancia es directamente proporcional a la cantidad de luz absorbida.
c) La concentración de una sustancia es indiferente a la cantidad de luz absorbida.
d) La concentración de una sustancia es directamente proporcional a la luz incidente.

10. La trasmitancia:

a) Mide la diferencia entre la luz que penetra en una solución coloreada y la luz que sale después de atravesar un determinado volumen de esa disolución.
b) Se expresa en porcentaje de luz.

c) Es la relación entre luz incidente y transmitida.
d) Todas correctas.

11. La fuente de radiación que se emplea en la espectrofotometría de absorción atómica es:

a) Lámpara de hidrógeno.
b) Lámpara de vapor de mercurio.
c) Lámpara de cátodo hueco.
d) La llama.

12. El electrodo de Severinghau, es un electrodo selectivo para moléculas de:

a) CO_2.
b) O_2.
c) NH^3.
d) PO_4.

13. En la fototometría de llama de emisión, una llama de color amarillo, ¿de qué elemento es característico?

a) Litio.
b) Sodio.
c) Potasio.
d) Magnesio.

14. ¿Qué técnica mide la disminución de la transmisión de la luz causada por la existencia de partículas en suspensión?

a) Nefelometría.
b) Gravimetría.
c) Turbidimetría.
d) Refractometría.

15. En la fotometría de reflectancia:

a) La radiación es reflejada por la superficie, de tal modo que el ángulo de incidencia es igual al ángulo de reflexión (reflexión especular).
b) La energía radiante se refleja en muchas direcciones (reflexión difusa).
c) Las respuestas a y b son correctas.
d) Las repuestas a y b son falsas.

16. Los métodos de análisis de orina por métodos de orina, utilizan como técnica:

a) Fotometría de reflectancia.
b) Electroquímica.

c) Potenciometría.
d) Nefelometría.

17. Una de las siguientes es una técnica electroquímica:

a) Potenciometría.
b) Amperometría.
c) Culombometría.
d) Todas son técnicas electroquímicas.

18. ¿Qué técnica de las que a continuación citamos se basa en la medida del potencial eléctrico entre los dos electrodos de una célula electroquímica?

a) Conductimetría.
b) Voltametría.
c) Potenciometría.
d) Polarografía.

19. Los electrodos de referencia de las células electroquímicas pueden ser:

a) De hidrógeno.
b) Calomelanos.
c) De plata/cloruro de plata.
d) Todos son electrodos de referencia de las células electroquímicas.

20. El electrodo de PCO_2:

a) Es denominado también electrodo de Clark.
b) Está formado por una célula electroquímica con un cátodo de platino y un ánodo de Ag/AgCl.
c) Está formado por un electrodo de vidrio de pH sumergido en una solución de bicarbonato 5 mm.
d) Todas son correctas.

Solución al test n.º 35

1. b) Técnicas espectrofotométricas.

2. a) Radiación electromagnética.

3. d) Las respuestas a y b son correctas.

4. d) Todas son correctas.

5. a) Abarca un campo enorme de frecuencias y longitudes de ondas que constituyen el llamado espectro electromagnético.

6. a) Radiaciones electromagnéticas.

7. a) En la medida de la radiación que llega a un detector tras producirse un fenómeno de absorción de luz por parte de una sustancia absorbente.

8. d) La absorbancia de una solución aumenta linealmente al elevar la concentración de la especie absorbente.

9. b) La concentración de una sustancia es directamente proporcional a la cantidad de luz absorbida.

10. d) Todas correctas.

11. c) Lámpara de cátodo hueco.

12. a) CO_2.

13. b) Sodio.

14. c) Turbidimetría.

15. c) Las respuestas a y b son correctas.

16. a) Fotometría de reflectancia.

17. d) Todas son técnicas electroquímicas.

18. c) Potenciometría.

19. d) Todos son electrodos de referencia de las células electroquímicas.

20. c) Está formado por un electrodo de vidrio de pH sumergido en una solución de bicarbonato 5 mm.

Conceptos básicos de genética: el ciclo vital de una célula somática: mitosis, meiosis, gametogénesis humana; estructura y función de los cromosomas y de los genes; bases cromosómicas de la herencia; patrones de herencia; alteraciones numéricas y estructurales de los cromosomas. Principales trastornos genéticos: clasificación

1. ¿Cómo se denomina a las células sexuales o gametos que contienen la mitad del número de cromosomas?

a) Óvulo.
b) Espermatozoide.
c) Células haploides.
d) Todas son correctas.

2. Los cromosomas en el genoma se diferencian de los demás por:

a) Su longitud.
b) Por la posición de la centrómera.
c) Por la presencia y posición de las cromómeras.
d) Por todo lo anterior.

3. ¿Qué cromosomas presentan brazos desiguales en longitud?

a) Telocéntrico.
b) Submetacéntrico y acrocéntrico.
c) Metacéntrico.
d) Todos presentan brazos desiguales.

4. El periodo que transcurre entre dos divisiones celulares sucesivas se denomina:

a) Profase.
b) Interfase.
c) Cariofase.
d) Fase S.

5. Un cariotipo es:

a) La imagen de los 22 pares de autosomas por longitud y la colocación de los cromosomas sexuales a la derecha.
b) Un mapa cromosómico.
c) El estudio de los cromosomas.
d) La disposición de los cromosomas.

6. Cuando parte de un cromosoma se pierde se denomina:

a) Delección.
b) Duplicación.
c) Traslocación.
d) Inversión.

7. Las técnicas de bandeo cromosómico incluye:

a) Método de quinacrina.
b) Método de bandeo de bandas de giemsa.
c) Método de bandas reversas.
d) Todas son correctas.

8. ¿Qué estructura celular se forma por microtúbulos dispuestos en forma radial alrededor del centrosoma al inicio de la mitosis?

a) Áster.
b) Nucléolo.
c) Eucromatina.
d) ADN satélite.

9. ¿Qué técnica de bandeo cromosómico utiliza tinción con Giemsa tras digestión con tripsina y es una de las más utilizadas actualmente?

a) Bandas Q.
b) Bandas G.
c) Bandas R.
d) Bandas NOR.

10. Los cromosomas corporales, que no son los sexuales, se denominan:

a) Cromosomas heterólogos.
b) Cromosomas homólogos.
c) Gonosomas.
d) Autosomas.

11. La constitución y disposición del cromosoma (o cromosomas) de un individuo se llama:

a) Genoma.
b) Cariotipo.
c) Genotipo.
d) Fenotipo.

12. ¿Qué células de la ovogénesis no participan en la fecundación?

a) Globos o corpúsculos polares primarios.
b) Globos o corpúsculos polares secundarios.
c) Ovocitos.
d) Son ciertas a) y b).

13. El primer método de tinción empleado para producir patrones específicos de bandas fue el método de:

a) Bandas de Giemsa (bandas G).
b) Quinacrina (bandas Q).
c) Bandas reversas (bandas R).
d) Bandas NOR.

14. El extremo de cada cromosoma se denomina:

a) Centrómetro.
b) Acrómero.
c) Telómero.
d) Nada de lo anterior.

15. Las células diploides son también las denominadas células:

a) Vitales.
b) Somáticas.
c) Sexuales.
d) Germinales.

16. Una aneuploidia es:

a) El Síndrome de Turner.
b) Una triploidía.
c) Una alotetraploidía.
d) Ninguna de las anteriores.

17. La disgenesia gonadsal es:

a) El Síndrome de Down.
b) El Síndrome de Klinefelter.
c) El Síndrome de Turner.
d) El Síndrome de Edwards.

18. La trisomía del par 18 es:

a) El Síndrome de Down.
b) El Síndrome de Klinefelter.
c) El Síndrome de Patau.
d) El Síndrome de Edwards.

19. ¿Qué alteración cromosómica se produce cuando partes del cromosoma se cambian de sitio?

a) Delección.
b) Traslocación.
c) Inversión.
d) Repetición.

20. ¿Qué tipo de mutación se da cuando se dan alteraciones de la secuencia de genes de un cromosoma? Mutación:

a) Génica.
b) Cromosómica.
c) Genómica.
d) Nada de lo anterior es cierto.

Solución al test n.º 36

1. d) Todas son correctas.

2. d) Por todo lo anterior.

3. b) Submetacéntrico y acrocéntrico.

4. b) Interfase.

5. a) La imagen de los 22 pares de autosomas por longitud y la colocación de los cromosomas sexuales a la derecha.

6. a) Delección.

7. d) Todas son correctas.

8. a) Áster.

9. b) Bandas G.

10. d) Autosomas.

11. b) Cariotipo.

12. d) Son ciertas a) y b).

13. b) Quinacrina (bandas Q).

14. c) Telómero.

15. b) Somáticas.

16. a) El Síndrome de Turner.

17. c) El Síndrome de Turner.

18. d) El Síndrome de Edwards.

19. b) Traslocación.

20. b) Cromosómica.

Técnicas de análisis cromosómico: obtención de extensiones cromosómicas, métodos de tinción y bandeado cromosómico, nomenclatura citogenética. Tipos de cultivos celulares en citogenética, técnicas de obtención, manteniendo y propagación de cultivos. Diagnóstico prenatal

1. ¿Cuál es la muestra de primera elección para el análisis cromosómico?

a) Medula ósea.
b) Amniocentesis.
c) Sangre periférica.
d) Líquido cefalorraquídeo.

2. La definición "obtener cromosomas que presenten un patrón de bandas transversales claras y oscuras debido a los tratamientos a los que se somete", se refiere a:

a) Cariotipo.
b) Bandeo cromosómico.
c) Tinción cromosómica.
d) Tinción de NOR.

3. Respecto a las técnicas de bandeo cromosómico señala la respuesta correcta:

a) El bandeo G o técnica GTG obtiene un patrón de bandas donde las oscuras corresponden a regiones de ADN ricas en GC y las claras son regiones de ADN ricas en AT.
b) Con la técnica de bandeo reverso obtenemos un patrón de bandas negativo (reverso) al de las bandas G.
c) Con el bandeo C se tiñen las regiones de los cromosomas ricas en eucromatina.
d) Todas las respuestas anteriores son correctas.

4. Respecto a la nomenclatura citogenética:

a) Las bandas dentro de cada región se numeran igualmente, por su proximidad al centrómero.
b) El código se forma: cromosoma – brazo – región – banda.

c) Los cromosomas se ordenan siguiendo tres criterios: el tamaño (de mayor a menor), la posición del centrómero (primero metacéntricos, submetacéntricos y acrocéntricos) y la presencia de constricciones secundarias.

d) Todas las respuestas anteriores son correctas.

5. Respecto a las alteraciones cromosómicas:

a) El síndrome de Klinefelter o 47, XXY es la anomalía cromosómica más frecuente en la mujer.

b) El síndrome de Turner o síndrome 45, X afecta solo a mujeres.

c) El síndrome de Edwards es la trisomía del cromosoma 13.

d) Las translocaciones robertsonianas se producen cuando un fragmento de un cromosoma se inserta en otro.

6. Con un gameto anómalo, en el que durante la meiosis II no se ha separado un cromosoma, forma un cigoto con un gameto normal; ¿qué término describe mejor dicho cigoto?

a) Haploide.

b) Diploide.

c) Euploide.

d) Aneuploide.

7. Los marcadores bioquímicos del cribado prenatal:

a) Los marcadores del primer trimestre de gestación son la alfafetoproteína, las fracciones libres de la gonadotrofina coriónica humana (fs-HCG) y la PAPP-A.

b) Los marcadores utilizados durante el segundo trimestre de gestación son la fs-HCG, la PAPP-A, y el estriol no conjugado.

c) Los marcadores del segundo trimestre son el estriol no conjugado, la inhibina A y la fs-HCG.

d) Los marcadores del segundo trimestre son la alfafetoproteína, el estriol no conjugado, la inhibina A y la fs-HCG.

8. El cultivo celular:

a) Se define como el conjunto de procedimientos que hacen posible el mantenimiento de células de organismos unicelulares.

b) Se define como el conjunto de procedimientos que hacen posible el mantenimiento de células de organismos pluricelulares in vivo.

c) Se define como el conjunto de procedimientos que hacen posible el mantenimiento de células de organismos unicelulares in vitro.

d) Se define como el conjunto de procedimientos que hacen posible el mantenimiento de células de organismos pluricelulares in vitro.

9. Es característico de los cultivos en monocapa:

a) Inhibición por contacto.
b) Inhibición por densidad.
c) Fenómeno de transformación.
d) Todas son correctas.

10. La senescencia celular es una fase propia de:

a) Línea celular primaria.
b) Línea celular continua.
c) Línea celular secundaria.
d) Línea celular discontinua.

11. ¿Qué factores son necesarios para un cultivo de células?

a) Soporte físico, composición y propiedades físico-químicas del medio, la atmósfera gaseosa y las condiciones de incubación.
b) Soporte químico, composición y propiedades físico-químicas del medio, pH y las condiciones de mantenimiento.
c) Soporte físico, composición y propiedades físico-químicas del medio, la atmósfera gaseosa y las condiciones.
d) Factor físico, químico y biológico.

12. ¿Cuál es el parámetro más importante que se debe tener en cuenta en los recipientes para cultivo?

a) La resistencia.
b) La superficie útil de cultivo.
c) Su capacidad de vertido.
d) Todas son correctas.

13. Las botellas Roux:

a) Son frascos planos con tapón de rosca y disponible en muchos tamaños.
b) Su superficie varía entre 25 y 75 cm², aunque los hay de hasta 225 cm².
c) Sirven tanto para cultivo en monocapa como en suspensión.
d) Todas son correctas.

14. ¿Qué tipo de medios de cultivos son los más utilizados para el cultivo de células?

a) Medios naturales.
b) Medios artificiales.
c) Medios sintéticos.
d) Las respuestas b) y c) son correctas.

15. ¿Cuál de los siguientes componentes del medio de cultivo proporciona energía a las células?

a) Glucosa.
b) Aminoácidos.
c) Vitaminas.
d) Bicarbonato.

16. En las incubadoras con un 5 % de CO_2 se suele utilizar:

a) Tampón bicarbonato.
b) Tampón fenol.
c) Suero.
d) Tampón fosfato.

17. ¿Qué indica una disomía uniparental en un cariotipo humano?

a) Que ambos cromosomas homólogos de un par provienen del mismo progenitor.
b) Que hay una ganancia del brazo largo de un cromosoma.
c) Que existe una trisomía con un cromosoma adicional.
d) Que un cromosoma ha perdido su centrómero y es inviable.

18. ¿Qué método mecánico de disgregación celular es muy usado para órganos blandos?

a) Triturar.
b) Machacar.
c) Tamizar.
d) Cortar.

19. Indica la respuesta correcta:

a) El medio RPMI 1640 suele utilizarse en cultivo de linfoblastos, células linfoides estimuladas y células leucémicas.
b) El medio MEM solo contiene aminoácidos no esenciales.
c) El medio DMEM es un medio basal que solo contiene los aminoácidos esenciales.
d) Todas son correctas.

20. Indica el enunciado falso:

a) Actualmente las buenas prácticas de cultivo de células recomiendan la certificación de la procedencia de las células.
b) Cualquier laboratorio puede acreditar la procedencia de sus cultivos por el hecho de cultivarlas en los mismos.
c) Un cultivo suministrado por un laboratorio no acreditado puede portar tipos celulares no esperados.
d) La procedencia de un cultivo es un requisito a justificar en cualquier trabajo de investigación.

Solución al test n.º 37

1. c) Sangre periférica.

2. b) Bandeo cromosómico.

3. b) Con la técnica de bandeo reverso obtenemos un patrón de bandas negativo (reverso) al de las bandas G.

4. d) Todas las respuestas anteriores son correctas.

5. b) El síndrome de Turner o síndrome 45, X afecta solo a mujeres.

6. d) Aneuploide.

7. d) Los marcadores del segundo trimestre son la alfafetoproteína, el estriol no conjugado, la inhibina A y la fs-HCG.

8. d) Se define como el conjunto de procedimientos que hacen posible el mantenimiento de células de organismos pluricelulares in vitro.

9. a) Inhibición por contacto.

10. a) Línea celular primaria.

11. a) Soporte físico, composición y propiedades físico-químicas del medio, la atmósfera gaseosa y las condiciones de incubación.

12. b) La superficie útil de cultivo.

13. d) Todas son correctas.

14. d) Las respuestas b) y c) son correctas.

15. a) Glucosa.

16. a) Tampón bicarbonato.

17. a) Que ambos cromosomas homólogos de un par provienen del mismo progenitor.

18. c) Tamizar.

19. a) El medio RPMI 1640 suele utilizarse en cultivo de linfoblastos, células linfoides estimuladas y células leucémicas.

20. b) Cualquier laboratorio puede acreditar la procedencia de sus cultivos por el hecho de cultivarlas en los mismos.

TEST N.º 38

Métodos de diagnóstico genético molecular: técnicas de extracción de ácidos nucleicos, técnicas de PCR y electroforesis para el estudio de los ácidos nucleicos, técnicas de transferencia e hibridación de ácidos nucleicos, secuenciación de ADN…etc

1. La muestra más adecuada para la extracción de ácidos nucleicos:

a) Siempre que se pueda es preferible utilizar suero.
b) Solo es posible utilizar sangre anticoagulada con EDTA.
c) Es preferible utilizar una muestra anticoagulada con heparina o citrato.
d) Es preferible utilizar una muestra anticoagulada con EDTA aunque es posible utilizar sangre anticoagulada con heparina o citrato.

2. En la cromatografía de intercambio iónico:

a) Si se unen aniones de la solución hablamos de intercambio aniónico.
b) Para purificar los ácidos nucleicos se utilizan matrices de celulosa.
c) El intercambiador aniónico más utilizado es el metilaminoetanol.
d) Todas son correctas.

3. Para determinar el grado de pureza de los ácidos nucleicos:

a) Se considera que el ADN tiene un grado de pureza adecuado si el cociente A260/A280 tiene un valor entre 1,7 y 2,0.
b) Por encima de 2.0 indica una concentración elevada de proteínas.
c) Por debajo de 1,6, indica contaminación excesiva de la muestra por ARN.
d) Todas son incorrectas.

4. ¿Cuál es el material necesario para realizar PCR?

a) Dos cebadores, cuatro desoxirribonucleósidos trifosfato (dATP, dCTP, dGTP y dTTP), MgCl2, y KCl y tampón tris-HCl y ADN polimerasa.
b) Dos cebadores, cuatro desoxirribonucleósidos trifosfato (dATP, dCTP, dGTP y dTTP), y ADN polimerasa.

c) Un cebador, cuatro desoxirribonucleósidos trifosfato (dATP, dCTP, dGTP y dTTP), MgCl2, y KCl y tampón tris-HCl y ADN polimerasa.

d) Dos cebadores, cuatro desoxirribonucleósidos trifosfato (dATP, dCTP, dGTP y dTTP), MgCl2, y KCl y tampón tris-HCl y ARN polimerasa.

5. Diremos de las sondas utilizadas en técnicas de hibridación que:

a) Las sondas de ADN de síntesis química son monocatenarias y de >200 pares de bases.

b) Las sondas de ADN recombinante son bicatenarias y de gran tamaño (cientos/miles de pares de bases).

c) Las sondas de ADN mediante PCR son monocatenarias y tienen un tamaño intermedio (cientos de bases).

d) Las sondas más utilizadas son las de ADN mediante PCR por ser las más sensibles y específicas.

6. El Northern-blot:

a) Toma la mezcla de ADN y se somete a una electroforesis en gel a fin de separar los fragmentos en base a su tamaño.

b) Es un método histoquímico que emplea la biología molecular.

c) Es una técnica de electroforesis en gel de agarosa. Separamos en base a la longitud de los fragmentos de ADN y, después, una transferencia a una membrana en la cual se efectúa la hibridación de la sonda.

d) Es la misma técnica que el Southern-blot equivalente para ARN.

7. ¿Cuál de las siguientes técnicas usarías, preferentemente, para separar fragmentos de ADN?

a) Cromatografía.
b) Espectrofotometría.
c) Nefelometría.
d) Electroforesis.

8. La definición "proceso que consiste en separar los ácidos nucleicos de los demás componentes" se refiere a:

a) Lisis.
b) Purificación.
c) Extracción.
d) Precipitación.

9. Para la purificación del ARN es imprescindible:

a) Trabajar con guantes en cabina flujolaminar.
b) Limpieza de superficies con soluciones comerciales inactivadoras de ARNasas.

c) Certificación de todo el material libre de ARNasas.
d) Todas son correctas.

10. En cuanto a la pureza de los ácidos nucleicos, ¿cómo se determina la presencia de contaminantes?

a) Con espectrofotometría.
b) Con radiometría.
c) Con cromatografía.
d) Con electroforesis.

11. ¿A qué temperatura es preferible guardar las muestras de ARN?

a) A 4 ºC.
b) A -20 ºC.
c) A -80 ºC.
d) A -196 ºC.

12. La técnica de PCR se basa en:

a) Replicación in situ del ARN.
b) Multiplicación in vitro de ADN, mediante replicación bacteriana.
c) Síntesis enzimática para amplificar in vitro fragmentos pequeños de ácidos nucleicos que se encuentran presentes en la muestra en cantidades pequeñas.
d) Multiplicación de fragmento de ADN a través de vectores.

13. Cuando el producto de la amplificación es usado como molde para una segunda amplificación se conoce como técnica:

a) PCR múltiple.
b) PCR tiempo real.
c) PCR anidada.
d) RT-PCR.

14. ¿En cuál de los pasos de la PCR se produce la hibridación con el cebador?

a) En el 1.er paso.
b) En el 2.º paso.
c) En el 3.er paso.
d) En el 4.º paso.

15. Señala el enunciado correcto en relación con la PCR anidada:

a) Presenta mayor sensibilidad y especificidad.
b) Utiliza dos pares de cebadores de amplificación y dos rondas de PCR. Por lo general se utiliza un par de cebadores externos en la primera ronda de PCR de 15 a 30 ciclos.

c) Los productos de la primera ronda de amplificación se someten a una segunda ronda de amplificación utilizando la segunda serie de cebadores internos.

d) Todas con correctas.

16. El término PCR múltiple se refiere a:

a) Ampliación simultánea de distintos fragmentos de ADN en distintos tubos al mismo tiempo.

b) Ampliación simultánea de distintos fragmentos de ADN de distintos pacientes en un mismo tubo.

c) Ampliación simultanea de distintos fragmentos de ADN de distintos pacientes en distintos tubos.

d) Ampliación simultánea de distintos fragmentos de un mismo ADN con distintos cebadores en un mismo tubo.

17. ¿Cómo se denomina al aparato que mantiene la temperatura necesaria en cada etapa del ciclo de la PCR?

a) Desnaturalizador.

b) Termociclador.

c) Elongador.

d) Ninguna es correcta.

18. Las técnicas de hibridación se diferencian por:

a) El tipo de ácido nucleico que se pretende detectar.

b) El tipo de sonda a utilizar.

c) El tipo de marcaje de la sonda.

d) Todas son correctas.

19. La cadena de nucleótidos cuya secuencia de bases nitrogenadas es complementaria a la secuencia diana se denomina:

a) Sonda sentido.

b) Sonda bicatenaria.

c) Sonda.

d) Secuencia diana.

20. Las sondas no radiactivas empleadas en hibridación son:

a) Menos estables, inseguras, pero más rápidas.

b) Más estables, seguras, pero más lentas.

c) Más estables, seguras y rápidas.

d) Menos estables, inseguras y muy lentas.

Solución al test n.º 38

1. d) Es preferible utilizar una muestra anticoagulada con EDTA aunque es posible utilizar sangre anticoagulada con heparina o citrato.

2. d) Todas son correctas.

3. a) Se considera que el ADN tiene un grado de pureza adecuado si el cociente A260/A280 tiene un valor entre 1,7 y 2,0.

4. a) Dos cebadores, cuatro desoxirribonucleósidos trifosfato (dATP, dCTP, dGTP y dTTP), $MgCl_2$, y KCl y tampón tris-HCl y ADN polimerasa.

5. b) Las sondas de ADN recombinante son bicatenarias y de gran tamaño (cientos/miles de pares de bases).

6. d) Es la misma técnica que el Southern-blot equivalente para ARN.

7. d) Electroforesis.

8. b) Purificación.

9. d) Todas son correctas.

10. a) Con espectrofotometría.

11. c) A -80 ºC.

12. c) Síntesis enzimática para amplificar in vitro fragmentos pequeños de ácidos nucleicos que se encuentran presentes en la muestra en cantidades pequeñas.

13. c) PCR anidada.

14. b) En el 2.º paso.

15. d) Todas con correctas.

16. d) Ampliación simultánea de distintos fragmentos de un mismo ADN con distintos cebadores en un mismo tubo.

17. b) Termociclador.

18. d) Todas son correctas.

19. c) Sonda.

20. c) Más estables, seguras y rápidas.

TEST N.º 39

Estudio básico de autoinmunidad: técnicas basadas en reacciones antígeno anticuerpo primarias y secundarias, detección de autoanticuerpos. Determinaciones

1. ¿Qué inmunidad no requiere exposición previa al patógeno para que esta actúe?

a) Inmunidad específica.
b) Inmunidad celular mediada por linfocitos.
c) Inmunidad humoral mediante anticuerpos.
d) Inmunidad innata.

2. ¿Qué inmunidad adquirida es activa y artificial?

a) Sueros o gammaglobulinas.
b) Mediante Ig G Transplacentaria (de madre a feto).
c) Vacunas.
d) Citoquinas.

3. ¿Qué inmunoglobulina (Ig) es capaz de atravesar la placenta?

a) Inmunoglobulina A.
b) Inmunoglobulina G.
c) Inmunoglobulina M.
d) Inmunoglobulina E.

4. ¿Qué Ig participa en reacciones alérgicas?

a) Inmunoglobulina D.
b) Inmunoglobulina G.
c) Inmunoglobulina M.
d) Inmunoglobulina E.

5. ¿Qué tipos de Ig actúan en la citotoxicidad celular dependiente de anticuerpo?

a) Inmunoglobulinas G, E, y A.
b) Inmunoglobulinas D, E, y A.
c) Inmunoglobulinas M, D, E, y A.
d) Inmunoglobulinas M y G.

6. ¿Qué fuerzas no están implicadas en la unión Ag-Ac?

a) Fuerzas electrostáticas.
b) Fuerzas producidas por los puentes de hidrógeno.
c) Fuerzas intranucleares fuertes.
d) Fuerzas de Van de Waals.

7. El sistema complemento se denomina así porque *complementa* la respuesta inmunológica de:

a) Los linfocitos.
b) Los macrófagos.
c) Los fagocitos.
d) Los anticuerpos.

8. La mayoría de los componentes del complemento se sintetizan en:

a) Los pulmones.
b) Los riñones.
c) El hígado.
d) El bazo.

9. Al activarse un componente del sistema complemento se:

a) Une a otro componente, para originar la reacción en cascada 2 a 2.
b) Rompe en dos fragmentos idénticos.
c) Rompe en dos fragmentos, uno grande (b) y otro pequeño (a).
d) Nada de lo anterior es cierto.

10. ¿Cómo se denominan los anticuerpos Ig G que pueden unirse a los antígenos fijados a las partículas, pero no aglutinarlos, y que intervienen en el test de Coombs?

a) Anticuerpos completos.
b) Anticuerpos incompletos.
c) Anticuerpos activos.
d) Anticuerpos inactivos.

11. ¿Qué prueba de estas detecta anticuerpos no aglutinantes libres en el suero?

a) Prueba de Coombs indirecta.
b) Prueba de Coombs directa.
c) Inhibición de la aglutinación.
d) Son ciertas las respuestas a) y b).

12. El método de precipitación de Mancini es la técnica de:

a) Inmunodifusión doble.
b) Electroinmunodifusión.
c) Inmunodifusión radial.
d) Inmunoelectroforesis.

13. ¿Qué técnica de ELISA sirve para detectar antígenos grandes (virus de la hepatitis, gonococo…), y estos deben ser polivalentes, ya que se tienen que unir cada uno a dos moléculas de anticuerpos?

a) Método indirecto.
b) Método Ferguson.
c) Método de unión competitiva.
d) Método sándwich.

14. No es una enfermedad bacteriana diagnosticada por serología:

a) Brucelosis.
b) Mononucleosis.
c) *Mycoplasma pneumoniae*.
d) Coxiella.

15. ¿Qué se entiende por seroconversión?

a) La aparición de anticuerpos en sangre.
b) El aumento en la concentración de anticuerpos específicos cuando comparamos dos muestras de suero en un paciente.
c) La sustitución de anticuerpos IgM por IgG.
d) Cualquier cambio del estado serológico del individuo.

16. La técnica de aglutinación en látex para *Criptococcus neoformans*:

a) Es una prueba únicamente cuantitativa.
b) Permite detectar el antígeno capsular polisacárico de *cryptococcus*.
c) Si existe aglutinación la prueba es negativa.
d) Todas son correctas.

17. Cuando un individuo se pone en contacto con un antígeno, ¿qué ocurre?

a) Aparición precoz de IgM.
b) Aparición precoz de IgG.
c) Aparición de anticuerpos en suero y del sistema del complemento.
d) Todas son correctas.

18. La medida de resultado de una prueba serológica:

a) Se realiza mediante Unidades Internacionales o Unidades arbitrarias.
b) Estas unidades se calculan comparando el valor obtenido con la muestra problema con la de un patrón o muestra calibradora realizadas simultáneamente.
c) El suero calibrador marca el límite entre los valores positivos (significativos en la clínica) y los resultados negativos de tal manera que los valores superiores al calibrador se consideran positivas y las inferiores al mismo negativas.
d) Todas son correctas.

19. Las determinaciones de respuesta inmunológica específica frente a *M. pneumoniae* se realizan mediante la técnica de:

a) RIA.
b) ELISA.
c) FC.
d) FRAt.

20. Una de las siguientes no es una técnica serológica que se utilice para el estudio de *M. pneumoniae*:

a) IF.
b) Aglutinación.
c) Electroforesis.
d) EIA.

Solución al test n.º 39

1. d) Inmunidad innata.

2. c) Vacunas.

3. b) Inmunoglobulina G.

4. d) Inmunoglobulina E.

5. a) Inmunoglobulinas G, E, y A.

6. c) Fuerzas intranucleares fuertes.

7. d) Los anticuerpos.

8. c) El hígado.

9. c) Rompe en dos fragmentos, uno grande (b) y otro pequeño (a).

10. b) Anticuerpos incompletos.

11. a) Prueba de Coombs indirecta.

12. c) Inmunodifusión radial.

13. d) Método sándwich.

14. b) Mononucleosis.

15. b) El aumento en la concentración de anticuerpos específicos cuando comparamos dos muestras de suero en un paciente.

16. b) Permite detectar el antígeno capsular polisacárico de *cryptococcus*.

17. a) Aparición precoz de IgM.

18. d) Todas son correctas.

19. c) FC.

20. c) Electroforesis.

TEST N.º 40

Biología celular. Citometría de flujo: principios, componentes y aplicaciones en el laboratorio clínico

1. La citometría de flujo:

a) Es una técnica de análisis celular multiparamétrico cuyo fundamento se basa en hacer pasar una suspensión únicamente de células, alineadas y de una en una por delante de un haz de láser focalizado.

b) Es una técnica que se empela para el análisis cualitativo y cuantitativo de células y partículas y para clasificar y separar células.

c) Se utiliza para el análisis de los distintos tipos celulares en una mezcla o suspensión, según las particularidades de los diferentes tipos celulares.

d) Las respuestas b) y c) son correctas.

2. Es incorrecto decir que los fotodiodos:

a) Son detectores de estado sólido.

b) Se emplean para recoger señales de luz de intensidad grande, como la luz dispersada frontalmente.

c) Son detectores muy complejos.

d) Transforman la señal luminosa que les llega en un pulso eléctrico.

3. La citometría de flujo permite:

a) La determinación de Ag de superficie y, por tanto, es utilizada en el inmunotipaje de leucemias agudas y síndromes linfoproliferativos crónicos.

b) La cuantificación del ADN y ARN.

c) La determinación de la actividad proliferativa de la población celular.

d) Todas son correctas.

4. Los filtros del sistema óptico pueden ser:

a) De interferencia o absorción.

b) Filtro longer pass.

c) Filtro short pass.

d) Las respuestas a) y c) son correctas.

5. Sobre la cámara de flujo del CMF es falso que:

a) La diferencia de presión entre los dos compartimentos hace variar la proporción de sus líquidos.
b) El flujo está constituido por una porción interna que contiene el líquido envolvente y una porción externa con el líquido con la suspensión celular.
c) Las células han de permanecer en el centro de un caudal de líquido isotónico.
d) Los líquidos de ambos compartimentos entran en contacto en la boquilla o cámara de flujo.

6. ¿En qué laboratorios se emplea la técnica de CMF?

a) Laboratorio inmunología.
b) Laboratorio de genética.
c) Laboratorio de anatomía patológica.
d) Todas son correctas.

7. Los cambios de presión de los líquidos hacen que:

a) El incremento del cociente entre la presión de líquido envolvente y la del líquido con el espécimen, produce una menor velocidad de paso de las células.
b) la presión de los líquidoses indiferente para el paso de las células, eso depende de si la cámara es abierta o cerrada.
c) La disminución del cociente aumenta la velocidad de paso de las células.
d) Las respuestas a) y c) son correctas.

8. La fuente de luz del CMF es un rayo láser de:

a) Ión argón de 488 nm.
b) Helioneón de 633 nm.
c) Kriptón de 657 nm.
d) Todas son correctas.

9. En el funcionamiento del rayo láser es falso:

a) Cuando el gas vuelve a su estado basal liberan un fotón, cuya energía es proporcional al nivel del que cae.
b) El fotón emitido estimula a los iones vecinos para que emitan energía, y todos tienen diferente energía, dirección y fase que el fotón estimulante.
c) El espejo del extremo frontal permite pasar el 2 % de la luz total.
d) Todas son ciertas.

10. Señala la opción correcta con respecto a los detectores de óptica de lectura:

a) En cualquiera de ellos se generan pulsos eléctricos cuya área, altura y anchura son directamente proporcionales a la cantidad parcial de luz, la intensidad máxima detectada y la duración de la señal luminosa respectivamente.

b) Se generan pulsos eléctricos cuya área, altura y anchura son indirectamente proporcionales a la cantidad total de luz, la intensidad máxima detectada y la duración de la señal luminosa respectivamente.

c) Se generan pulsos eléctricos cuya área, altura y anchura son directamente proporcionales a la cantidad total de luz, la intensidad máxima detectada y la duración de la señal luminosa respectivamente.

d) Se generan pulsos eléctricos cuya área, altura y anchura son directamente proporcionales a la cantidad total de luz, la intensidad mínima detectada y la duración de la señal luminosa respectivamente.

11. Indica la opción falsa con respecto a los detectores:

a) En el interior de los fotomultipladores hay varias placas recubiertas por compuestos muy excitables por la luz.

b) Los detectores monocromáticos se caracterizan por recoger luz con una longitud de onda indeterminada.

c) Los fotodiodoros son detectores de estado sólido.

d) A pesar del enunciado todas son correctas.

12. En la preparación de especímenes que se analizan por CMF, es cierto:

a) Técnicas con detergentes; proporcionan núcleos.

b) En las muestras de sangre, cuando se estudian las células nucleadas, se deben lisar los eritrocitos.

c) Las técnicas más usadas para disgregar los tumores sólidos son las directas e indirectas.

d) Las respuestas a) y b) son correctas.

13. En el modo lineal el pulso puede estar:

a) Entre 0 y 10,24 V, y que los incrementos del a escala de medida son de 0,01 V, se comprueba que hay 1024 incrementos de 0,01 V.

b) Entre 0,5 y 10,24 V, y que los incrementos del a escala de medida son de 0,10 V, se comprueba que hay 1024 incrementos de 0,01 V.

c) Entre 0 y 10,14 V, y que los incrementos del a escala de medida son de 0,1 V, se comprueba que hay 1014 incrementos de 0,02 V.

d) Entre 0 y 10,28 V, y que los incrementos del a escala de medida son de 0,02 V, se comprueba que hay 1028 incrementos de 0,01 V.

14. Los datos obtenidos en el citómetro de flujo son:

a) El tamaño celular y la complejidad de la membrana.

b) Señales de dispersión.

c) Señales de fluorescencia.

d) Todas son ciertas.

15. La cantidad de fluorescencia emitida por una célula es:

a) Proporcional a la señal emitida por el detector fluorescente.
b) Proporcional a la señal producida sobre el detector fluorescente.
c) Cuantitativamente proporcional a la señal producida sobre el detector fluorescente.
d) Ninguna es cierta.

16. Son componentes de un citómetro de flujo:

a) Sistema de pipeteo y análisis.
b) Sistema óptico.
c) Sistema electrónico.
d) Todos son componentes.

17. El sistema eléctrico de un citómetro de flujo no lo compone:

a) Detector.
b) Amplificador.
c) El sistema informático.
d) Todo lo anterior lo compone.

18. En la cuantificación de ARN realizado por el área de microbiología es falso:

a) Diagnóstico bacteriano.
b) Sensibilidad a antibióticos.
c) Diagnóstico de portador.
d) Diagnostico vírico.

19. En la técnica con detergentes se utilizan:

a) Detergentes no iónicos.
b) Triton X-100.
c) Nonidet P-40.
d) Todas son ciertas.

20. En las técnicas enzimáticas se utilizan:

a) La adenina.
b) La uredasa.
c) La hialuronidasa.
d) Lisozimas.

Solución al test n.º 40

1. d) Las respuestas b) y c) son correctas.

2. c) Son detectores muy complejos.

3. d) Todas son correctas.

4. d) Las respuestas a) y c) son correctas.

5. b) El flujo está constituido por una porción interna que contiene el líquido envolvente y una porción externa con el líquido con la suspensión celular.

6. d) Todas son correctas.

7. d) Las respuestas a) y c) son correctas.

8. d) Todas son correctas.

9. b) El fotón emitido estimula a los iones vecinos para que emitan energía, y todos tienen diferente energía, dirección y fase que el fotón estimulante.

10. c) Se generan pulsos eléctricos cuya área, altura y anchura son directamente proporcionales a la cantidad total de luz, la intensidad máxima detectada y la duración de la señal luminosa respectivamente.

11. b) Los detectores monocromáticos se caracterizan por recoger luz con una longitud de onda indeterminada.

12. d) Las respuestas a) y b) son correctas.

13. a) Entre 0 y 10,24 V, y que los incrementos del a escala de medida son de 0,01 V, se comprueba que hay 1024 incrementos de 0,01 V.

14. d) Todas son ciertas.

15. b) Proporcional a la señal producida sobre el detector fluorescente.

16. d) Todos son componentes.

17. a) Detector.

18. c) Diagnóstico de portador.

19. d) Todas son ciertas.

20. c) La hialuronidasa.

TEST N.º 41

Técnicas básicas de biología celular

1. Uno de los siguientes no es un microscopio óptico de luz transmitida:

a) Microscopio de fluorescencia.
b) Microscopio de campo oscuro.
c) Microscopio de contraste de fases.
d) Microscopio invertido.

2. Una lente divergente:

a) Es una lente convexa.
b) Dispersan los rayos de planos paralelos.
c) Son más gruesas por el centro que por los lados.
d) Forman una visión ampliada del objeto.

3. El poder de resolución de un microscopio:

a) Es la distancia máxima que debe existir entre dos puntos para que puedan ser diferenciados.
b) Es mayor cuanto mayor límite de resolución exista.
c) Es su capacidad de dar imágenes distintas de dos puntos situados muy cerca uno del otro en el objeto.
d) Todas son correctas.

4. ¿Qué determina la eficacia del condensador y del objetivo?

a) El poder de resolución.
b) La apertura numérica.
c) El contraste.
d) La longitud de onda.

5. La parte mecánica de un microscopio óptico lo compone:

a) Pie o soporte.
b) Columna.
c) Tubo y elementos auxiliares (platina).
d) Todas son correctas.

6. La parte óptica de un microscopio la compone:

a) El tornillo macrométrico.
b) El diafragma y el condensador.
c) El ocular y los objetivos.
d) El pie del objetivo, ya que sin pie no se podría sostener y no se podría ver nada.

7. Respecto al condensador del microscopio óptico:

a) Es otro tipo de lente que se incorpora al microscopio.
b) Es el encargado de concentrar un haz luminoso encada punto del portaobjetos.
c) Suelen llevar acoplados una serie de filtros y el diafragma.
d) Todas son correctas.

8. El diafragma de apertura del condensador, ¿a qué afecta?

a) A la resolución.
b) Al contraste y profundidad del foco.
c) Sirve para ajustar la apertura numérica de la iluminación y para cambiar la luminosidad de esta.
d) Todas son correctas.

9. El microscopio de campo claro:

a) Es un microscopio de luz reflejada.
b) En un microscopio de electrones.
c) Es un microscopio de barrido confocal.
d) Es un microscopio de luz transmitida.

10. La microscopia de Nomarsi es un tipo de microscopia de:

a) Campo oscuro.
b) Contraste de interferencia.
c) Campo claro.
d) Invertido.

11. No es un tipo de microscopio óptico:

a) Microscopio de contraste de fases.
b) Microscopio de barrido.

c) Microscopio polarizante.
d) Microscopio fluorescente.

12. Recibe el nombre de fluorescencia:

a) A la propiedad que poseen determinadas sustancias de emitir, bajo la acción de radiaciones de onda larga, otras radiaciones de onda corta.
b) A la propiedad que poseen determinadas sustancias de emitir, bajo la acción de radiaciones de ondas cortas, otras radiaciones de onda larga.
c) A la propiedad que poseen los fluorocromos de emitir radiación infrarroja.
d) A la propiedad que posen los cuerpos brillantes sobre fondos de radiación.

13. Las lentes de un microscopio óptico que amplían la imagen de una manera constante se denominan:

a) Objetivos.
b) Oculares.
c) Condensador.
d) Todas son correctas.

14. En un microscopio óptico los objetivos de inmersión de aceite llevan una marca de identificación que es un anillo de color:

a) Blanco.
b) Azul.
c) Negro.
d) Verde.

15. El primer enfoque en un microscopio es mejor siempre hacerlo con el micro-métrico, porque así se ajusta de una sola vez:

a) No es cierto, el primer enfoque se debe de hacer con el tubo de enfoque y macrométrico.
b) Si es cierto.
c) No es cierto, el primer enfoque se realiza con el condensador.
d) Puede realizarse como se quiera.

16. Si el campo que estamos observando aparece turbio, esto se debe a que:

a) El objetivo está lleno de aceite.
b) El portaobjeto está sucio.
c) La lente superior del condensador está sucia.
d) Todas estas causas son motivo de turbidez.

17. Si al observar una muestra, aparecen gotas liquidas, esto se debe a:

a) Un aplastamiento de elementos celulares durante el proceso.
b) Un fallo de fijación de la muestra.

c) Una mala filtración de hematoxilina.
d) Una mezcla de xileno y agua.

18. La imagen en un microscopio electrónico está basada en la dispersión de los electrones, ¿de qué depende esta dispersión?

a) Del espesor del objeto.
b) De la densidad del objeto.
c) Del número atómico.
d) De todo lo anterior depende.

19. ¿Dónde se encuentra el cátodo en un microscopio electrónico?

a) En el condensador.
b) En la fuente de electrones.
c) En la parte inferior del tubo.
d) En la pantalla fluorescente.

20. Una de las ventajas del microscopio de barrido, sobre el de transmisión, es que sus imágenes son:

a) Tridimensionales.
b) Bidimensionales.
c) Cuatro D.
d) Monodimensional.

Solución al test n.º 41

1. a) Microscopio de fluorescencia.

2. b) Dispersan los rayos de planos paralelos.

3. c) Es su capacidad de dar imágenes distintas de dos puntos situados muy cerca uno del otro en el objeto.

4. b) La apertura numérica.

5. d) Todas son correctas.

6. c) El ocular y los objetivos.

7. d) Todas son correctas.

8. d) Todas son correctas.

9. d) Es un microscopio de luz transmitida.

10. b) Contraste de interferencia.

11. b) Microscopio de barrido.

12. b) A la propiedad que poseen determinadas sustancias de emitir, bajo la acción de radiaciones de ondas cortas, otras radiaciones de onda larga.

13. b) Oculares.

14. c) Negro.

15. a) No es cierto, el primer enfoque se debe de hacer con el tubo de enfoque y macrométrico.

16. d) Todas estas causas son motivo de turbidez.

17. d) Una mezcla de xileno y agua.

18. d) De todo lo anterior depende.

19. b) En la fuente de electrones.

20. a) Tridimensionales.

TEST N.º 42

Laboratorio de Urgencias: parámetros habituales, metodologías, y control analítico. Aplicación clínica. Automatización y robotización

1. En el laboratorio de urgencias se determinará:

a) Todo lo que el médico responsable del paciente solicite.
b) Los parámetros necesarios para un diagnóstico o cambio de tratamiento urgente.
c) Lo mismo que se solicita en determinaciones no urgentes pero de forma más rápida.
d) Cualquier parámetro que se pueda solicitar en el laboratorio responsable.

2. ¿Cuál de las siguientes afirmaciones sobre el laboratorio de urgencias en la actualidad es falsa?

a) Vuelca los datos directamente en la HSU.
b) Para establecer su cartelera se ha creado un grupo de trabajo con médicos y especialistas de laboratorio.
c) Suelen disponer de alta tecnología.
d) Las determinaciones deben hacerse de una en una.

3. Una solicitud de analítica urgente en blanco es:

a) Aquella que no se ha rellenado.
b) Aquella que no puede leerse.
c) Aquella en la que el médico solicitante debe escribir lo que solicita.
d) Aquella que hay que puntear los parámetros.

4. La solicitud de urgencias no debe:

a) Doblarse de forma arbitraria.
b) Incluir todos los datos del paciente.
c) Incluir los datos del médico solicitante.
d) Incluir el motivo de la solicitud.

5. Para la realización de las pruebas del paciente en urgencias debemos:

a) Mantener una ayuna de 6 h si necesitamos determinación de bioquímicos.
b) Si necesitamos hematología no será necesaria la espera.
c) Mantener un ayuno de 12 h en cualquier caso.
d) Las pruebas se realizarán de forma directa, en urgencias no hay preparación.

6. Una muestra para una hematología de urgencia irá en un tubo:

a) Sin anticoagulante.
b) Con oxalato.
c) Con EDTA.
d) Con heparina.

7. Una muestra de hematología urgente incluirá:

a) Serie roja.
b) Serie blanca.
c) Plaquetas.
d) Todas son ciertas.

8. ¿Cuál de las siguientes afirmaciones sobre las pruebas cruzadas es falsa?

a) La muestra se extraerá en un tubo con EDTA.
b) Se realiza para las transfusiones sanguíneas.
c) Se realiza en una parte específica del laboratorio de urgencias.
d) En situaciones de emergencia no será necesaria su realización.

9. Si vamos a realizar una determinación de urgencia de glucosa será necesario avisar al laboratorio:

a) Si el paciente ha comido en las últimas 2 horas.
b) Si los valores superan los 3 mg/dl.
c) Si el paciente está en ayunas.
d) No habrá que avisar al laboratorio en ningún caso.

10. Entre los iones más buscados en la bioquímica urgente no se encuentra:

a) Sodio.
b) Potasio.
c) Calcio.
d) Cloro.

11. La prueba de laboratorio más sensible para el diagnóstico de la anafilaxia es:

a) La triptasa.
b) La amilasa.

c) La PCR.
d) Todas son ciertas.

12. El código ICTUS se establece por:

a) Ser una enfermedad grave.
b) Ser una enfermedad tiempo – dependiente.
c) Ser una patología de carácter trombótico.
d) Ser una patología autoinmune.

13. No es un requisito de un donante en asistolia:

a) Edad entre 14-65 años.
b) Localización en vía pública.
c) Inicio de las maniobras antes de 30 minutos.
d) Infecciones.

14. Consideraremos una hemorragia como masiva si supera una pérdida superior al:

a) 10 %.
b) 20 %.
c) 30 %.
d) 40 %.

15. Los POCT se pueden realizar:

a) Para minimizar el tiempo de respuesta.
b) Para mejorar la calidad asistencial.
c) Para autocontrol en el domicilio del paciente.
d) Todas son ciertas.

16. ¿Cuál no es una ventaja de los sistemas automatizados en el laboratorio?

a) Aumenta la producción.
b) Mayor rapidez.
c) Mayor sensibilidad.
d) No necesita de personal cualificado.

17. ¿Qué es el SIL?

a) Sistema integral de laboratorios.
b) Situación interna de laboratorios.
c) Sistema informático de laboratorio.
d) Sociedades informáticas de laboratorio.

18. Las fases de un proceso analítico son:

a) La fase pre-analítica y la fase analítica.
b) La fase pre-analítica, la fase analítica y la fase post-analítica.
c) La fase analítica y la fase post-analítica.
d) Solo se da una fase: la analítica.

19. ¿En qué fase incluirías la preparación de especímenes?

a) Fase pre-analítica.
b) Fase analítica.
c) Fase post-analítica.
d) Ninguna de las anteriores es cierta.

20. ¿Qué componente pertenece a la fase pre-analítica?

a) Unidad de entrada de muestras y lectura de código de barras.
b) Centrifuga automática y preparación de alícuotas.
c) Taponador o sellador de tubos.
d) Todos pertenecen a la fase pre-analítica.

Solución al test n.º 42

1. b) Los parámetros necesarios para un diagnóstico o cambio de tratamiento urgente.

2. d) Las determinaciones deben hacerse de una en una.

3. c) Aquella en la que el médico solicitante debe escribir lo que solicita.

4. a) Doblarse de forma arbitraria.

5. d) Las pruebas se realizarán de forma directa, en urgencias no hay preparación.

6. c) Con EDTA.

7. d) Todas son ciertas.

8. c) Se realiza en una parte específica del laboratorio de urgencias.

9. a) Si el paciente ha comido en las últimas 2 horas.

10. c) Calcio.

11. a) La triptasa.

12. b) Ser una enfermedad tiempo – dependiente.

13. d) Infecciones.

14. c) 30 %.

15. d) Todas son ciertas.

16. d) No necesitan de personal cualificado.

17. c) Sistema informático de laboratorio.

18. b) La fase pre-analítica, la fase analítica y la fase post-analítica.

19. a) Fase pre-analítica.

20. d) Todos pertenecen a la fase pre-analítica.

El equilibrio ácido-base: Gasometría arterial y venosa

1. Un anión es:

a) Una sustancia que es atraída por el polo positivo.
b) Una sustancia que es atraída por el polo negativo.
c) Una sustancia que es atraída por el cátodo.
d) Una sustancia neutra.

2. Las sustancias que al disociarse aportan al medio hidrogeniones, se denominan:

a) Bases.
b) Grupos hidroxilos.
c) Ácidos.
d) Protones.

3. Cuando los iones son atraídos por un polo negativo se denomina:

a) Anión.
b) Calión.
c) Catión.
d) Base.

4. La acidosis respiratoria aparece cuando:

a) La concentración de CO_2 en el organismo está aumentando.
b) La concentración de CO_2 en el organismo está disminuyendo.
c) La concentración de O_2 en el organismo está aumentando.
d) La concentración de O_2 en el organismo está disminuyendo.

5. Al comienzo del desequilibrio, el primer tampón que se activa es:

a) Fosfato.
b) Hemoglobina.

c) Bicarbonato.
d) Ninguna de las anteriores es correcta.

6. El electrodo de plata/cloruro de plata:

a) Consta de un alambre de plata que está recubierto de cloruro de plata.
b) Consta de un alambre de cloruro de plata que está recubierto de plata.
c) Permanecen en equilibrio la plata y el cloruro de plata.
d) Consta de un alambre de plata que no está recubierto de cloruro de plata.

7. Los niveles normales de PCO_2 en sangre son:

a) 52-56 mmHg.
b) 36-41 mmHg.
c) 38-42 mmHg.
d) 28-32 mmHg.

8. El contenido total de oxígeno en sangre se determina a partir de:

a) PO_2, de la hemoglobina y de la saturación de hemoglobina.
b) O_2, de la hemoglobina y de la saturación de hemoglobina.
c) CO_2, de la hemoglobina y de la saturación de hemoglobina.
d) PO_2, de la hemoglobina y de la concentración de hemoglobina.

9. Es falso que el tampón fosfato:

a) Ejerza su función principalmente en la sangre.
b) Es un ácido muy fuerte que mantiene un pH de 6,8.
c) Es muy importante en la orina.
d) Este tampón convierte bases fuertes en sales neutras y agua.

10. Las bases son las sustancias que:

a) En disolución aportan al medio hidrogeniones, es decir, capaces de ceder un protón a otra sustancia (dador de protones).
b) Al disociarse aportan al medio grupos hidroxilos, o que capten hidrogeniones (aceptor de protones).
c) Al disociarse aportan al medio grupos hidroxilos, o que no capten hidrogeniones (aceptor de neutrones).
d) Las respuestas a) y b) son correctas.

11. Sörensen definió el pH en 1909 como el logaritmo negativo de la concentración de hidrogeniones con la siguiente fórmula:

a) $pH = -Log\ [H+]$
b) $H_2O = H+ + OH+$

c) $H_2O = H+ + OH-$
d) $pH = +Log\ [H-]$

12. El bicarbonato es un tampón:

a) Intracelular.
b) Pulmonar.
c) Extracelular.
d) Pulmonar.

13. Las proteínas plasmáticas se comportan como sustancias:

a) Anfolitas.
b) Neutras.
c) Básicas.
d) Las respuestas c) y b) son correctas.

14. Las tres formas de regular el pH del medio que presenta el riñón son:

a) Segregando amonio, acidificando las sales de fosfato y reabsorción de bicarbonato.
b) Absorción de amonio, acidulando las sales de fosfato y segregando bicarbonato.
c) Segregando amonio, acidificando las sales de bicarbonato, reabsorción de fosfato.
d) Acidificando las sales de fosfato, segregando amonio y reabsorción de fosfato.

15. ¿Cuál de las siguientes no es una clínica de un paciente con acidosis metabólica?

a) Dolor abdominal.
b) Debilidad general.
c) Respiración de Kussmaul.
d) Vértigos.

16. La principal causa de la alcalosis metabólica reside en:

a) La pérdida de jugos gástricos como consecuencia de vómitos repetidos o aspiración gástrica.
b) La pérdida de jugos gástricos como consecuencia de vómitos poco repetidos.
c) La pérdida de jugos gástricos como consecuencia de vómitos repetidos o incontinencia urinaria.
d) Las definiciones son erróneas.

17. Electrodo de referencia y electrodo indicador se usan para:

a) Determinar el Hg de una muestra sanguínea.
b) Determinar el Cl2 de una muestra sanguínea.

c) Determinar el pH de una muestra sanguínea.

d) Determinar el Hg2 de una muestra sanguínea.

18. Los valores normales de sangre arterial en saturación de O2 son:

a) 60-85.

b) 84-100.

c) 94-100.

d) 64-110.

19. La denominación de gasometría arterial es:

a) La determinación de los diferentes niveles de gases que podemos obtener en sangre arterial.

b) La determinación de los diferentes niveles de gases que podemos obtener en sangre venosa.

c) La determinación de los diferentes niveles de agua que podemos obtener en sangre arterial.

d) La comprobación de los diferentes niveles de gases que podemos obtener en sangre arterial.

20. La respiración es la encargada de controlar los niveles de:

a) O2 en el organismo.

b) H2O en el organismo.

c) CO2 en el organismo.

d) CaCO3 en el organismo.

1. a) Una sustancia que es atraída por el polo positivo.

2. c) Ácidos.

3. c) Catión.

4. a) La concentración de CO_2 en el organismo está aumentando.

5. c) Bicarbonato.

6. a) Consta de un alambre de plata que está recubierto de cloruro de plata.

7. c) 38-42 mmHg.

8. a) PO_2, de la hemoglobina y de la saturación de hemoglobina.

9. a) Ejerza su función principalmente en la sangre.

10. b) Al disociarse aportan al medio grupos hidroxilos, o que capten hidrogeniones (aceptor de protones).

11. a) $pH = -Log[H+]$.

12. c) Extracelular.

13. a) Anfolitas.

14. a) Segregando amonio, acidificando las sales de fosfato y reabsorción de bicarbonato.

15. d) Vértigos.

16. a) La pérdida de jugos gástricos como consecuencia de vómitos repetidos o aspiración gástrica.

17. c) Determinar el pH de una muestra sanguínea.

18. c) 94-100.

19. a) La determinación de los diferentes niveles de gases que podemos obtener en sangre arterial.

20. c) CO_2 en el organismo.

TEST N.º 44

Hemostasia y Coagulación. Coagulación: técnicas, estudio y alteraciones, dímeros

1. ¿Cuáles son las fases de la hemostasia?

a) Hemostasia primaria, hemostasia secundaria y hemostasia terciaria.
b) Hemostasia primaria, coagulación y fibrinólisis.
c) Equimosis, coagulación y fibrinólisis.
d) Petequias, equimosis y telangiectasias.

2. El fibrinógeno se encuentra:

a) De forma mayoritaria en el plasma sanguíneo y en la superficie e interior de plaquetas.
b) Solo en el plasma sanguíneo.
c) En el suero.
d) En el interior de las plaquetas.

3. ¿Cuál es la composición del complejo denominado protrombinasa que activa la protrombina?

a) Factores Xa e iones de fósforo.
b) Factores V, VII y VIII.
c) Factores Xa, Va e iones de calcio.
d) Fibrinopéptido A y B.

4. El factor IV de la coagulación es:

a) El calcio iónico (Ca++).
b) Una glucoproteína conocida como proconvertina.
c) Una glucoproteína conocida como factor lábil.
d) Una lipoproteína.

5. Clasificando los factores de la coagulación según su procedencia, podemos distinguir entre:

a) Proteínas, lípidos y metálicos.
b) Titulares, plasmáticos, plaquetarios y hepáticos.
c) Plasmáticos, plaquetarios y renales.
d) Plasmáticos, hepáticos y renales.

6. ¿Qué funciones cumple la fracción de Von Willebrand del factor de coagulación VIII?

a) Activación del factor X y cofactor de la vía intrínseca.).
b) Activación del factor X y mantener los niveles de VIII - C.
c) Facilitar la agregación de los trombocitos, contribuir a la adhesión de las plaquetas en el endotelio vascular y activación del factor C.
d) Facilitar la agregación de los trombocitos, contribuir a la adhesión de las plaquetas en el endotelio vascular y mantener los niveles de VIII – C.

7. El factor de coagulación de Stuart-Prower es activado en la vía extrínseca por los factores:

a) IXa, VIII – Ca, Ca ++ y f3p.
b) VIIa, Ca ++ y TH.
c) IXa, Ca ++ y f3p.
d) Ca ++, fp3 y TH.

8. ¿Cómo se conoce también al factor de Fitzgerald?

a) Quinógeno de alto peso molecular.
b) Factor estabilizante de fibrina.
c) Precalicreína (PK).
d) Factor de Hageman.

9. ¿Qué concentración de mg/l tiene el factor de coagulación V (proacelerina)?

a) 100-150 mg/l.
b) 57.000 mg/l.
c) 330.000 mg/l.
d) 5-10 mg/l.

10. Los encargados de la inhibición del factor de Fletcher son:

a) A2 macroglobulina, a2 antiplasmina y C1 inhibidor.
b) ATIII, a2 macroglobulina y el C1 inhibidor.
c) A1 antitripsina, a2 antiplasmina y ATIII.
d) Factor IXa y XIIa.

11. En el hígado se forman los factores de coagulación:

a) I y II.
b) V y IX.
c) Fletcher y Stuart-Prower.
d) Todas son correctas.

12. Señala cuál de los siguientes factores de inhibición son una vitamina K dependiente:

a) A2 macroglobulina y a2 antiplasmina.
b) Proteína C y proteína S.
c) ATII y ATIII.
d) A1 antitripsina y C1 inhibidor.

13. La vía intrínseca de la coagulación se inicia cuando:

a) Se inicia cuando el factor XII se activa por las cargas negativas presentes en las superficies que se quedan al descubierto por la lesión.
b) Se inicia cuando el factor IX se activa por las cargas positivas presentes en las superficies que se quedan al descubierto por la lesión.
c) Se inicia cuando el factor tisular se libera por un traumatismo.
d) Se inicia cuando el factor FVII se libera por un traumatismo.

14. La vía extrínseca de la coagulación se inicia cuando:

a) Se inicia cuando el factor XII se activa por las cargas negativas presentes en las superficies que se quedan al descubierto por la lesión.
b) Se inicia cuando el factor IX se activa por las cargas positivas presentes en las superficies que se quedan al descubierto por la lesión.
c) Se inicia cuando el factor tisular se libera por un traumatismo.
d) Se inicia cuando el factor FVII se libera por un traumatismo.

15. Si realizamos una prueba y los resultados son que hay prolongación del tiempo de tromboplastina parcial activada, pero el tiempo de protrombina normal, lo que implica un trastorno de la vía intrínseca, en un paciente sin antecedentes familiares ni personales de hemorragia podría tener:

a) Déficit de FXII, déficit de precalicreína o déficit de cininógeno de elevado peso molecular.
b) Insuficiencia hepática, coagulación intravascular diseminada o deficiencia de vitamina K.
c) Déficit de FVIII, déficit de FIX o déficit de FXI.
d) La enfermedad de Von Willebrand.

16. Si la retracción de un coágulo es normal, con plaquetas en número y calidad normal y liberando trombostenina en la cantidad adecuada, ¿cuándo se inicia y finaliza la retracción?

a) Se inicia a los 5-10 minutos y finaliza a los 30.
b) Se inicia a los 35-40 minutos y finaliza a los 120.
c) Se inicia a los 10-15 minutos y finaliza a los 90.
d) Se inicia a los 15-20 minutos y finaliza a los 60.

17. Si queremos añadir el activador en forma líquida en el estudio del tiempo de tromboplastina parcial activada en la coagulación será:

a) Caolín.
b) Sílice.
c) Celite.
d) Ácido elágico.

18. Si realizamos la prueba del tiempo de Stypven, ¿qué añadiremos en lugar de la tromboplastina?

a) Veneno de una tarántula.
b) Veneno de la serpiente Russel.
c) Veneno de una serpiente cascabel.
d) INR.

19. ¿Cuáles son los niveles de normalidad de los factores II, VIII y X?

a) 30-70 U/dl.
b) 70-90 U/dl.
c) 80-120 U/dl.
d) 90-230 U/dl.

20. Señala cuál de los siguientes no es un paso de la técnica de la determinación de los monómeros de fibrina:

a) Colocar en un tubo 450 µl del plasma problema.
b) Añadir 50 µl de NaOH.
c) Añadir 150 µl de etanol diluido.
d) Añadir 200 µl de plasmina.

Solución al test n.º 44

1. b) Hemostasia primaria, coagulación y fibrinólisis.

2. a) De forma mayoritaria en el plasma sanguíneo y en la superficie e interior de plaquetas.

3. c) Factores Xa, Va e iones de calcio.

4. a) El calcio iónico (Ca++).

5. b) Titulares, plasmáticos, plaquetarios y hepáticos.

6. d) Facilitar la agregación de los trombocitos, contribuir a la adhesión de la plaquetas en el endotelio vascular y mantener los niveles de VIII – C.

7. b) VIIa, Ca ++ y TH.

8. a) Quinógeno de alto peso molecular.

9. d) 5-10 mg/l.

10. a) A2 macroglobulina, a2 antiplasmina y C1 inhibidor.

11. d) Todas son correctas.

12. b) Proteína C y proteína S.

13. a) Se inicia cuando el factor XII se activa por las cargas negativas presentes en las superficies que se quedan al descubierto por la lesión.

14. c) Se inicia cuando el factor tisular se libera por un traumatismo.

15. a) Déficit de FXII, déficit de precalicreína o déficit de cininógeno de elevado peso molecular.

16. d) Se inicia a los 15-20 minutos y finaliza a los 60.

17. d) Ácido elágico.

18. b) Veneno de la serpiente Russel.

19. c) 80-120 U/dl.

20. d) Añadir 200 µl de plasmina.

Banco de sangre: grupos sanguíneos. Técnicas e interpretación.
Test de Coombs

1. Por definición un banco de sangre es:

a) El lugar donde se procesan y guardan las bolsas de los diferentes tipos de derivados sanguíneos en las condiciones óptimas para su conservación y posterior uso.

b) El lugar donde se guardan las bolsas de los diferentes tipos de derivados sanguíneos en las condiciones óptimas para su reutilización y posterior transfusión.

c) El lugar donde se manipulan los diferentes tipos de derivados sanguíneos en las condiciones óptimas para su conservación.

d) El lugar donde se almacenan las bolsas de los diferentes tipos sanguíneos en las condiciones óptimas para su conservación y su uso.

2. Dentro del Sistema Duffy podemos diferenciar 5 antígenos:

a) Fya, Fyb, Fy3, Fy4 y Fy5.

b) Fya y Fyb (que son raros e infrecuentes) y Fy3, Fy4, Fy5 los principales.

c) Fya, Fyb, Fy3, Fy6 y Fy4.

d) Fya, Fyb, Fy2, Fy3 y Fy5.

3. El método más conocido para poner de manifiesto los anticuerpos incompletos o no aglutinantes es:

a) La reacción de la hemoglobina humana o reacción de Coombs.

b) Someter la muestra a la acción de las enzimas proteolíticas.

c) La reacción de la antiglobulina humana o reacción de Coombs.

d) Someter la muestra a la creación de las enzimas protolíticas.

4. La OMS recomienda que:

a) Toda la sangre transfundible sea sometida, como mínimo, a pruebas de detección del VIH (anti VIH 1/2), de los virus de la hepatitis B (HBsAg), C (antiVHC) y A, de la sífilis (anticuerpos inespecíficos contra el *T. Pallidum*).

b) Toda la sangre transfundible sea sometida, como mínimo, a pruebas de detección del VIH (anti VIH 1/2), de los virus de la hepatitis B (HBsAg) y C (antiVHC), y de la sífilis (anticuerpos inespecíficos contra el *T. Pallidum*).

c) Toda la sangre transfundible sea sometida a todo tipo de pruebas de detección generalizada.

d) Toda la sangre sea sometida, como mínimo, a pruebas de detección del CIH (anti CIH 1/2), de los virus de B (HBsAg) y C (antiVHC), y de la sífilis (anticuerpos inespecíficos contra el *T. Pallidum).*

5. Para que aparezca la enfermedad hemolítica en el recién nacido:

a) Debemos tener una madre rh (D+) y un padre Rh (D+).
b) Debemos tener una madre Rh (D-) y un padre rh (D+).
c) Debemos tener una madre rh (D-) y un padre Rh (D+).
d) Ninguna de las anteriores es correcta.

6. La frecuencia en caucasianos del fenotipo Jk (a-b+) es:

a) 29.
b) 49.
c) Muy raro.
d) 22.

7. Los antígenos sanguíneos se heredan según:

a) Las leyes de Mendel.
b) Las leyes de Landsteiner.
c) Las leyes de Coombs.
d) Las leyes de Méndez.

8. La técnica para la bromelización es la que sigue:

a) Lavar los hematíes 3 veces. Unir un volumen de sedimento globular con uno y medio de la solución de tripsina. Agitar y mantener en la estufa a 37 ºC durante 15 minutos. Lavar los hematíes 3 veces y centrifugar. Colocaremos el sedimento obtenido en una solución salina.

b) Lavar 3 veces los hematíes en NaCl al 9 ‰. Unir en un tubo de hemólisis 2 ml de sedimento globular, 0,5 de solución 1 (papaína al 1 % en NaCl al 9 ‰, debemos centrifugarlo y guardar el líquido claro sobrenadante; esta solución puede ser conservada de forma indefinida a −20 ºC), 0,5 ml de la solución 2 (3,6 de PO4 HNa2 en 100 ml de agua destilada) y 1 ml de la solución 3 (clorhidrato de cisteína al 0,2 % en ClNa al 9 ‰, puede ser conservada de forma indefinida a −20 ºC). Una vez añadidos todos los elementos someteremos el tubo de hemólisis al baño maría (37 ºC) durante 6-8 m. Lavar 3 veces los hematíes en NaCl al 9 ‰.

c) Lavar los hematíes 3 veces. Unir un volumen de sedimento globular con uno y medio de la solución de tripsina. Agitar y mantener en la estufa a 37 ºC durante 20 minutos. Lavar los hematíes 3 veces. Dependiendo de la técnica que utilicemos de forma posterior colocaremos el sedimento obtenido en una solución salina o sérica.

d) Ninguna de las anteriores se corresponde con la técnica para la bromelización.

9. La técnica de fijación-elución:

a) Se basa en la utilización de anticuerpos débiles para determinar la existencia de hematíes con antígenos débiles en la muestra; es muy utilizado para la determinación de los antígenos débiles del sistema ABO.

b) Se basa en la utilización de anticuerpos fuertes para determinar la existencia de hematíes con antígenos débiles en la muestra; es muy utilizado para la determinación de los antígenos débiles del sistema ABO.

c) Se basa en la utilización de anticuerpos fuertes para determinar la existencia de hematíes sin antígenos fuertes en la muestra; es muy utilizado para la determinación de los antígenos débiles del sistema ABO.

d) Se basa en la utilización de anticuerpos fuertes para determinar la existencia de hematíes con antígenos débiles en la muestra; es muy utilizado para la determinación de los antígenos débiles del sistema OBA.

10. El donante no deberá realizar dos extracciones con un intervalo inferior a:

a) 4 meses.
b) 3 meses.
c) 2 meses.
d) 2 meses y medio.

11. No forma parte de los criterios de exclusión permanente de donantes homólogos:

a) Hipertensión arterial grave.
b) Hepatitis A.
c) Babesiosis.
d) Diabetes que precisa tratamiento con insulina.

12. ¿A causa de que elemento transfundido existe la reacción shock anafiláctico o urticaria?

a) Plaquetas.
b) Leucocitos.
c) Hematíes.
d) Proteínas plasmáticas.

13. Los síntomas de una reacción hemolítica inmediata son:

a) Dolor en región lumbar, opresión torácica y fiebre.
b) Náuseas, opresión torácica y fiebre.
c) Dolor en región lumbar y fiebre.
d) Opresión torácica, fiebre y cefalea.

14. La aparición de edemas pulmonares relacionados con transfusiones sanguíneas suelen deberse a la aparición de:

a) Hipovolemia.
b) Intravolemia.

c) Hipervolemia.

d) Las respuestas a) y b) son correctas.

15. Podemos definir la hemaglutinación como:

a) La unión o aglomeración de varios hematíes.

b) La unión o aglutinación de varios hematíes.

c) La unión o aglutinación de varios cationes.

d) La separación de varios hematíes.

16. ¿A qué grupo pertenece una aglutinina Beta o anti B y anti A1?

a) Grupo A1B.

b) Grupo 0.

c) Grupo A2.

d) Grupo A2B.

17. Señala cuál de los siguientes es el antígeno más inmunógeno:

a) Antígeno C.

b) Antígeno A.

c) Antígeno E.

d) Antígeno D.

18. Si una persona quiere donar sangre debe tener un peso corporal de más de:

a) 40 kg.

b) 45 kg.

c) 50 kg.

d) 60 kg.

19. Es un criterio de exclusión permanente para donantes de sangre homólogos:

a) Brucelosis.

b) Fiebre Q.

c) Infección por Virus Linfotrópico Humano de Células.

d) Toxoplasmosis.

20. Es un criterio de exclusión temporal para donantes de sangre homólogos:

a) Diátesis hemorrágica.

b) Episodios repetidos de síncope.

c) Osteomielitis.

d) Enfermedad gastrointestinal.

Solución al test n.º 45

1. a) El lugar donde se procesan y guardan las bolsas de los diferentes tipos de derivados sanguíneos en las condiciones óptimas para su conservación y posterior uso.

2. a) Fya, Fyb, Fy3, Fy4 y Fy5.

3. c) La reacción de la antiglobulina humana o reacción de Coombs.

4. b) Toda la sangre transfundible sea sometida, como mínimo, a pruebas de detección del VIH (anti VIH 1/2), de los virus de la hepatitis B (HBsAg) y C (antiVHC), y de la sífilis (anticuerpos inespecíficos contra el *T. Pallidum*).

5. c) Debemos tener una madre rh (D-) y un padre Rh (D+).

6. d) 22.

7. a) Las leyes de Mendel.

8. a) Lavar los hematíes 3 veces.-Unir un volumen de sedimento globular con uno y medio de la solución de tripsina. Agitar y mantener en la estufa a 37 °C durante 15 minutos. Lavar los hematíes 3 veces y centrifugar. Colocaremos el sedimento obtenido en una solución salina.

9. b) Se basa en la utilización de anticuerpos fuertes para determinar la existencia de hematíes con antígenos débiles en la muestra; es muy utilizado para la determinación de los antígenos débiles del sistema ABO.

10. c) 2 meses.

11. b) Hepatitis A.

12. d) Proteínas plasmáticas.

13. a) Dolor en región lumbar, opresión torácica y fiebre.

14. c) Hipervolemia.

15. c) La unión o aglutinación de varios hematíes.

16. c) Grupo A2.

17. d) Antígeno D.

18. c) 50 kg.

19. c) Infección por Virus Linfotrópico Humano de Células.

20. c) Osteomielitis.

Sistemas de conservación, estabilidad y aditivos a añadir a cada uno de los componentes sanguíneos obtenidos por fraccionamiento de una unidad

1. Podemos usar heparina si vamos a usar la sangre en un tiempo inferior a:

a) 48 h.
b) 72 h.
c) 24 h.
d) 48h/50 h.

2. El crioprecipitado es:

a) Una fracción de hemocomponente rica en fibrinógeno y Factor VIII de la coagulación, está especialmente indicada en momentos carenciales de alguno de estos dos elementos como la enfermedad de Von Willebrand.
b) Se trata de plasma que se congela inmediatamente después de su extracción, el volumen administrado se contabilizará en ml y no en bolsas, ya que, dependiendo de la donación, el volumen de la bolsa puede ser muy variable.
c) Se lleva a cabo en pacientes que presentan determinadas alteraciones de elementos plasmáticos propios, las sesiones suelen ser largas (2–3 h) y se puede cambiar hasta el 70 % del plasma en una sola sesión.
d) Las respuestas a) y b) son correctas.

3. La cantidad de sangre extraída a cada donante aproximadamente es de:

a) 250 ml.
b) 450 ml.
c) 350 ml.
d) 550 ml.

4. La temperatura adecuada para conservar una donación de hematíes es:

a) +22 ± 2 ºC.
b) +4 ± 2 ºC.

c) +32± 2 °C.
d) +24 ± 2 °C.

5. ¿Cuál no es un anticoagulante/conservante?

a) CPD.
b) ADC.
c) CPD + Adenina.
d) Heparina.

6. El concentrado de hematíes:

a) Serán almacenados en cámaras frigoríficas a una temperatura que podrá oscilar entre + 2 a + 6 °C .
b) Serán almacenados en cámaras frigoríficas a una temperatura que podrá oscilar entre 2 +/- 4 °C.
c) Se conservada a 22 °C y en agitación continua.
d) Se conservada a 22 °C y sin agitación continua.

7. Una hemorragia se considera grave a partir del:

a) 40 %.
b) 50 %.
c) 30 %.
d) 45 %.

8. Una disminución importante del nivel de glóbulos rojos en el organismo se conoce como:

a) Deshidratación.
b) Policitemia.
c) Poliglobulia.
d) Anemia.

9. Señala la principal indicación cuando el componente sean hematíes lavados:

a) Talasemia.
b) Pacientes con grupos sanguíneos raros.
c) Profilaxis ante reacciones febriles aparecidas en transfusiones anteriores y pacientes inmunodeprimidos.
d) Pacientes con anemias y alergia a proteínas plasmáticas.

10. Las plaquetas, entre otros factores, tienen el papel principal en:

a) La acumulación de la sangre.
b) La coagulación de la sangre.
c) La multiplicación de la sangre.
d) Todas las anteriores son incorrectas.

11. Cada bolsa de concentrado de plaquetas aumenta los niveles de plaquetas del paciente en:

a) +10 x 10^9/L/m^2.
b) 10 x 10^9/L/m^3.
c) 10 x 10^9/L/m^2.
d) 10 x 20^9/L/m^2.

12. El número de bolsas transfundidas al paciente dependerá de dos factores principales:

a) Nivel de plaquetas en sangre y gastos periféricos.
b) Nivel de plaquetas en sangre y consumo de periféricos.
c) Nivel de coagulación en sangre y gastos periféricos.
d) Ninguna es correcta.

13. Por término general podemos decir que se transfundirá una bolsa por cada:

a) 20 kg.
b) 15 kg.
c) 25 kg.
d) 10 kg.

14. En una operación quirúrgica como las del SNC u oftalmología, el recuento plaquetario debe ser:

a) Superior a 50 x 10^9/L.
b) Superior a 80 x 10^9/L.
c) Superior a 60 x 10^9/L.
d) Superior a 40 x 10^9/L.

15. El elemento plasmático responsable en una miastenia grave es:

a) Anticuerpos anti PLA1.
b) Anticuerpos antifactor VIII.
c) Anticuerpos contra los receptores de la aceticolina.
d) Inmunoglobulinas monoclonales.

16. Son las siglas de citrato fosfato dextrosa:

a) ACD.
b) CPD-SAGM.
c) CPD.
d) CPD+Adenina.

17. Sabemos que el plasma:

a) Se puede dividir a su vez en albúmina, alfaglobulinas y factores de la coagulación. La temperatura de conservación y almacenamiento varía desde los -20 ºC a los -40 ºC.

b) Será almacenado en cámaras frigoríficas a una temperatura que podrá oscilar entre +2 a +6 °C.

c) Será conservado a +20 a +24 °C y en agitación continua.

d) Todas son falsas.

18. Si utilizamos un concentrado de un DU sabemos que están especialmente indicados:

a) En pacientes que presentan aloinmunizaciones, en los que la posibilidad de que aparezcan problemas disminuye con las transfusiones de varios donantes.

b) En pacientes que presentan aloinmunizaciones, en los que la posibilidad de que no aparezcan problemas aumenta con las transfusiones de varios donantes.

c) En pacientes que presentan aloinmunizaciones, en los que la posibilidad de que aparezcan problemas aumenta con las transfusiones de un único donante.

d) En pacientes que presentan aloinmunizaciones, en los que la posibilidad de que aparezcan problemas aumenta con las transfusiones de varios donantes.

19. La transfusión de plaquetas se puede llevar a cabo bajo estos criterios:

a) Profilaxis.

b) Terapéutico.

c) Aloinmunización.

d) Las opciones a) y b) son correctas.

20. Si la transfusión se realiza con fines profilácticos:

a) Llevaremos a cabo un recuento plaquetario del paciente a los 120-60 minutos de haber sido realizada la transfusión y otro a las 24 h.

b) Llevaremos a cabo un recuento plaquetario del paciente a los 60-80 minutos de haber sido realizada la transfusión y otro a las 24 h.

c) Llevaremos a cabo un recuento plaquetario del paciente a los 30-60 minutos de haber sido realizada la transfusión y otro a las 24 h.

d) Ninguna es correcta.

Solución al test n.º 46

1. c) 24 h.

2. a) Una fracción de hemocomponente rica en fibrinógeno y Factor VIII de la coagulación está especialmente indicada en momentos carenciales de alguno de estos dos elementos como la enfermedad de Von Willebrand.

3. b) 450 ml.

4. b) $+4 \pm 2$ ºC.

5. b) ADC.

6. a) Serán almacenados en cámaras frigoríficas a una temperatura que podrá oscilar entre $+2$ a $+6$ ºC.

7. c) 30 %.

8. d) Anemia.

9. d) Pacientes con anemias y alergia a proteínas plasmáticas.

10. b) La coagulación de la sangre.

11. c) 10×10^9/L/m^2.

12. a) Nivel de plaquetas en sangre y gastos periféricos.

13. d) 10 kg.

14. b) Superior a 80×10^9/L.

15. c) Anticuerpos contra los receptores de la aceticolina.

16. c) CPD.

17. a) Se puede dividir a su vez en albúmina, alfaglobulinas y factores de la coagulación. La temperatura de conservación y almacenamiento varía desde los -20 ºC a los -40 ºC.

18. d) En pacientes que presentan aloinmunizaciones, en los que la posibilidad de que aparezcan problemas aumenta con las transfusiones de varios donantes.

19. d) Las opciones a) y b) son correctas.

20. c) Llevaremos a cabo un recuento plaquetario del paciente a los 30-60 minutos de haber sido realizada la transfusión y otro a las 24 h.

TEST N.º 47

Fisiopatología del hemograma

1. El estudio del metabolismo férrico se realiza mediante:

a) La capacidad de saturación de la sideremia y la determinación de la transferrina.
b) La determinación de la sideremia, el índice de saturación y la capacidad de saturación de la transferrina.
c) La regulación de la síntesis del grupo hemo y la formación de hemoproteínas.
d) La determinación de la formación de sistemas enzimáticos y la saturación de la ferritina.

2. Según los valores normales de sideremia, un recién nacido debería tener:

a) 2,5-21,5 µmol/L.
b) 15-25 µmol/L.
c) 13,4 µmol/L.
d) 28,6 µmol/L.

3. Se recomienda la determinación de la ferritinemia mediante procesos de:

a) Frotis sanguíneo o médula ósea.
b) Inmunorradiometría o radioinmunoanálisis.
c) Inmunoanálisis o frotis sanguíneo.
d) Radioterapia.

4. ¿Cuál es el método recomendado por el ICSH y el NCCLS para la determinación del hematocrito por centrifugación?

a) Macrométodo.
b) Micrométodo.
c) Polimétodo.
d) Monométodo.

5. El valor de referencia del hematocrito en mujeres embarazadas es:

a) 42 +/– 5 %.
b) 50 +/– 5 %.
c) 24 +/– 5 %.
d) 39 +/– 5 %.

6. El valor de la densidad sanguínea en hombres debe oscilar entre:

a) 1052-1060.
b) 1100 – 1200.
c) 97-112.
d) 2020-2050.

7. ¿Qué es la eritropoyesis?

a) Es el conjunto de procesos que conducen a la formación y maduración de glóbulos rojos, hematíes o eritrocitos.
b) Es el proceso que conduce a la formación y maduración de glóbulos rojos y glóbulos blancos.
c) Es la fase más inmadura del eritrocito.
d) Es el proceso por el que un eritroblasto ortocromático se transforma en reticulocito.

8. Los valores normales de HbA2 oscilan entre:

a) 1 – 1,5 %
b) 2 – 3,5 %
c) 4 – 5,5 %
d) 6 – 7,2 %

9. Una de las funciones del hierro en el organismo es:

a) Regulación de la síntesis del grupo proteico.
b) Formación de la hemoglobina.
c) Traslado de dióxido de carbono.
d) Todas son ciertas.

10. El VCM se expresa en:

a) Mg.
b) mlo.
c) fl.
d) µ.

11. ¿Por debajo de qué valores tiene que estar la hemoglobina para que sea anemia?

a) 20 mg/dl para hombres y 18 mg/dl para mujeres.
b) 18 mg/dl para hombres y 20 mg/dl para mujeres.

c) 13 mg/dl para hombres y 12 mg/dl para mujeres.
d) 15 mg/dl para hombres y 10 mg/dl para mujeres.

12. Para la clasificación morfológica de la anemia se combinan dos índices conocidos que son:

a) VCM y HCM.
b) HMC y VMC.
c) HBF y HBA.
d) Hb y Vc.

13. En la anemia megaloblástica la maduración de eritrocitos se encuentra alterada por carencia de:

a) Vitamina B_{13} o folato.
b) Vitamina B_{12}, ácido fólico o folato.
c) Ácido fólico y NaCl.
d) Folato únicamente.

14. ¿A qué se debe la anemia de Addison-Biermer?

a) A una atrofia de la glándula gástrica, que conlleva un aumento en la secreción del factor intrínseco.
b) A una atrofia de la glándula gástrica, que conlleva una disminución en la secreción del factor intrínseco.
c) A una atrofia de las células, que conlleva una disminución en la secreción del factor intrínseco.
d) A una atrofia de las células, que conlleva un aumento en la secreción del factor intrínseco.

15. ¿Cuál de las siguientes no es una causa de la anemia megaloblástica folicopénica?

a) Dieta inadecuada.
b) Alteración de la absorción del ácido fólico.
c) Antagonistas del ácido fólico.
d) Mayor gasto de la vitamina B_{12}.

16. En la enfermedad de Hodgkin existen varios subgrupos. ¿Cuáles son las características principales del subgrupo depleción linfocítica?

a) Podemos observar multitud de linfocitos y/o histiocitos y muy pocas células de Reed-Sternberg, que son difíciles de encontrar.
b) Los linfocitos están prácticamente ausentes, podemos encontrar multitud de células de Reed-Sternberg y amplias zonas de necrosis.
c) Aparición de bandas de fibrosis colágena que delimitan los nódulos y células similares a las células de Reed-Sternberg.
d) Aparición de una mezcla de células: histiocitos, linfocitos, células de Reed-Sternberg, plasmáticas.

17. El mecanismo compensatorio para contrarrestar una anemia que tiene de efecto disnea de esfuerzo es:

a) Aumento del gasto cardiaco.
b) Aumento de la presión en las arterias.
c) Aumento de la frecuencia respiratoria.
d) Aumento de la eritropoyesis.

18. ¿Qué es lo primero que encontraremos en el laboratorio en una pancitopenia?

a) Una disminución más o menos marcada de todas las series celulares.
b) Un aumento más o menos marcado de todas las series celulares.
c) Una disminución marcada de las plaquetas.
d) Un aumento significativo de las plaquetas.

19. La β talasemia es:

a) Una enfermedad que cursa con una incapacidad total o parcial para formar cadenas β.
b) El tipo de talasemia más común en nuestro medio.
c) Su forma más grave se conoce como anemia de Cooley.
d) Todas son ciertas.

20. Si realizamos un estudio de la médula ósea en una pancitopenia, ¿cuál de las siguientes cosas no observaremos:

a) Producción escasa de células en general.
b) Producción masiva de eritrocitos en particular.
c) Presencia de tejido graso donde debería existir tejido hematopoyético.
d) Encontraremos todo esto.

Solución al test n.º 47

1. b) La determinación de la sideremia, el índice de saturación y la capacidad de saturación de la transferrina.

2. d) 28,6 µmol/L.

3. b) Inmunorradiometría o radioinmunoanálisis.

4. b) Micrométodo.

5. d) 39 +/– 5 %.

6. a) 1052-1060.

7. a) Es el conjunto de procesos que conducen a la formación y maduración de glóbulos rojos, hematíes o eritrocitos.

8. b) 2 – 3,5 %.

9. b) Formación de la hemoglobina.

10. c) fl.

11. c) 13 mg/dl para hombres y 12 mg/dl para mujeres.

12. a) VCM y HCM.

13. b) Vitamina B_{12}, ácido fólico o folato.

14. b) A una atrofia de la glándula gástrica, que conlleva una disminución en la secreción del factor intrínseco.

15. d) Mayor gasto de la vitamina B_{12}.

16. b) Los linfocitos están prácticamente ausentes, podemos encontrar multitud de células de Reed-Sternberg y amplias zonas de necrosis.

17. a) Aumento del gasto cardiaco.

18. a) Una disminución más o menos marcada de todas las series celulares.

19. d) Todas son ciertas.

20. b) Producción masiva de eritrocitos en particular.

Controles de calidad de las muestras, de instalaciones y de los equipos: control de calidad interno y externo

1. El conjunto de operaciones que establecen, en condiciones especificadas, la relación entre los valores de una magnitud indicados por un equipo de medida o los valores representados por un material de referencia y los valores correspondientes de esa magnitud realizados por patrones, se denomina:

a) Verificación.
b) Certificación.
c) Calibración.
d) Medida.

2. Para calibrar un instrumento, es necesario:

a) Disponer de uno de mayor precisión que proporcione el valor verdadero.
b) Disponer de uno de menor precisión que proporcione el valor del control patológico.
c) Disponer de uno de igual precisión.
d) Todas son correctas.

3. Una calibración correcta permite:

a) Verificar y mantener el buen funcionamiento de los equipos.
b) Cumplir los requisitos que marcan las normas ISO 9000-17025.
c) Dar garantía de la fiabilidad de los resultados.
d) Todas son correctas.

4. A la hora de calibrar un equipo no tenemos en cuenta:

a) Naturaleza del equipo.
b) Gravedad de las consecuencias de una falta de calibración.
c) Historia del paciente.
d) Condiciones de uso.

5. Qué variable define los valores mínimo y máximo de lectura para los cuales el equipo ha sido diseñado:

a) El alcance.
b) El rango de medida.
c) La exactitud.
d) La fiabilidad.

6. La cualidad que caracteriza a la capacidad del instrumento de medida para dar el mismo valor de magnitud al medir varias veces en unas mismas condiciones, se denomina:

a) Exactitud.
b) Fiabilidad.
c) Linealidad.
d) Desplazamiento.

7. La capacidad de un equipo de medida para proporcionar valores de la magnitud de partida próximos al valor verdadero, se denomina:

a) Exactitud.
b) Fiabilidad.
c) Linealidad.
d) Desplazamiento.

8. El nivel mínimo necesario para que, cuando la entrada del instrumento aumente de forma progresiva, desde cero a la salida, tenga lugar un cambio suficientemente grande como para ser detectado, se denomina:

a) Zona muerta.
b) Umbral.
c) Resolución.
d) Histéresis.

9. La verificación es:

a) Conjunto de operaciones detalladas realizadas a lo largo del rango de medición de un equipo con el propósito de detectar su preservación.
b) Operación puntual que involucra la realización solo de una o algunas de las pruebas.
c) La monitorización de las pruebas.
d) Todas son correctas.

10. El control de calidad de un laboratorio:

a) Implica un conjunto de medidas encaminadas a lograr la adecuada confianza de los resultados del laboratorio.
b) Garantiza que los resultados obtenidos sean acordes con el estado de salud del paciente.

c) Es el método mediante el cual se mide la calidad real, se compara con los estándares y se actúa sobre la diferencia.
d) Todas son correctas.

11. En control interno; se utilizan gráficos de Levy-Jenning y gráficos de convergencia de Youden:

a) El gráfico de Levy-Jenning; nos da información sobre la precisión y exactitud.
b) Como control interno el más utilizado es el gráfico de Youden, ya que presenta los valores precisos, imprecisos, inexactitud, tendencia y desplazamiento.
c) En el gráfico de Levy-Jenning se presentan los valores de dos controles (normal y patológico.).
d) Todas son correctas.

12. Las gráficas de Levy-Jennings:

a) Representan la absorbancia en función de la concentración.
b) Se utilizan para calcular la capacidad pulmonar total.
c) Son gráficas utilizadas en el control de calidad de un laboratorio.
d) Representan la intensidad de corriente en función del voltaje aplicado.

13. Un calibrador:

a) Generalmente tiene dos niveles de concentración, normal y patológico.
b) Se utiliza para controlar la exactitud de un método.
c) Se utiliza para controlar la precisión de un método.
d) Todas son correctas.

14. La capacidad de un método analítico para detectar un compuesto determinado y no otro se llama:

a) Especificidad.
b) Sensibilidad.
c) Linealidad.
d) Eficiencia.

15. La regla 1_{3s} es una regla de control:

a) Que identifica un error aleatorio inaceptable o el comienzo de un gran error sistemático.
b) Suele ser una regla de advertencia que se incumple cuando una única observación de un control está fuera del límite ±2S.
c) Que detecta únicamente el error sistemático.
d) Que solo identifica el error aleatorio.

16. ¿Qué regla de Westgard solo identifica el error aleatorio?

a) 1_{2S}.
b) 2_{2s}.

c) R $_{45}$.
d) 10x.

17. El control de calidad externo consiste en:

a) Unas muestras conociendo los resultados esperados.
b) Analizar muestras de las cuales se desconocen los resultados que debemos obtener.
c) Pasarlo cada día, antes de empezar la rutina de trabajo.
d) No se emplean controles externos, salvo los internos.

18. La forma más sencilla de registrar los datos de un control de calidad interno a través de gráficos, entre los NO utilizados está:

a) Levy-Jennings.
b) Bayes.
c) Youden.
d) Cousum.

19. ¿Qué gráfica está especialmente diseñada para el control externo de calidad?

a) Grafica de Cusum.
b) Gráfica Youden.
c) Grafica Levey-Jeninngs.
d) Gráfica externa.

20. Se llama patrón a un espécimen del que conocemos la concentración exacta del analito y se utiliza:

a) Para uno o múltiples analitos.
b) Para referirse a una solución volumétrica de la sustancia en un solvente adecuado.
c) Para referirse a una solución estandarizada de autonalizadores.
d) Todas son correctas.

Solución al test n.º 48

1. c) Calibración.

2. a) Disponer de uno de mayor precisión que proporcione el valor verdadero.

3. d) Todas son correctas.

4. c) Historia del paciente.

5. b) El rango de medida.

6. b) Fiabilidad.

7. a) Exactitud.

8. b) Umbral.

9. b) Operación puntual que involucra la realización solo de una o algunas de las pruebas.

10. d) Todas son correctas.

11. d) Todas son correctas.

12. c) Son gráficas utilizadas en el control de calidad de un laboratorio.

13. a) Generalmente tiene dos niveles de concentración, normal y patológico.

14. a) Especificidad.

15. a) Que identifica un error aleatorio inaceptable o el comienzo de un gran error sistemático.

16. c) R_{4S}.

17. b) Analizar muestras de las cuales se desconocen los resultados que debemos obtener.

18. b) Bayes.

19. b) Gráfica Youden.

20. b) Para referirse a una solución volumétrica de la sustancia en un solvente adecuado.

TEST N.º 49

Bases estadísticas de la calidad analítica: media, mediana, moda, desviación estándar, precisión, exactitud, veracidad, la distribución normal, validez y fiabilidad de los instrumentos de medida, sensibilidad y especificidad. Curvas de rendimiento diagnóstico. Valores de referencia, estadística en el laboratorio

1. Son medidas estadísticas de centralización:

a) La mediana, la moda y la varianza.
b) La media aritmética, la mediana y la moda.
c) La media aritmética, la moda y la varianza.
d) La mediana, la moda y la deviación estándar.

2. ¿Cuál de las siguientes medidas es una medida de centralización?

a) La desviación típica.
b) La varianza.
c) El coeficiente de variación.
d) Ninguna de las respuestas es correcta.

3. Son medidas estadísticas de dispersión:

a) La media aritmética, la varianza y el coeficiente de variación.
b) La desviación estándar, la mediana y el coeficiente de variación.
c) La desviación estándar, la varianza y el coeficiente de variación.
d) La media aritmética, la desviación estándar y el coeficiente de variación.

4. Una variable aleatoria:

a) Es una magnitud que puede tomar valores en un conjunto de acuerdo con una cierta distribución de probabilidades.
b) Se puede decir que es una magnitud que se toma al azar.
c) Puede ser discreta o aleatoria.
d) Todas son ciertas.

5. Un ejemplo de variable estadística discreta es:

a) Concentración de glucosa en sangre.
b) Presión sanguínea.
c) Temperatura de un medio.
d) Recuento de colonias en un cultivo.

6. La moda es:

a) La suma de todos los valores.
b) Los valores centrales de una distribución que se toman después de ordenarlos.
c) La suma de todos los valores dividido por el valor central.
d) Una medida de posición.

7. La mediana es:

a) El valor de la variable que deja el 50% de los datos arriba, y el 50% de los datos abajo.
b) El conjunto de todos los datos centrales de una distribución.
c) El conjunto de datos que más se repiten en una distribución.
d) Ninguna de las anteriores.

8. La deviación típica o deviación estándar es un parámetro que indica:

a) La precisión de una serie de resultados analíticos.
b) La exactitud de una serie de resultados analíticos.
c) La precisión y la exactitud de una serie de resultados analíticos.
d) El intervalo total de variabilidad de una serie de resultados analíticos.

9. La desviación estándar es:

a) Es una medida de la variabilidad de los datos.
b) Es una medida de tendencia central.
c) Calcula la estimación bruta del parámetro.
d) Ninguna de las anteriores.

10. La varianza se utiliza para:

a) Para conocer la amplitud de la muestra.
b) Para conocer el número de datos de la distribución.
c) Para conocer la propagación de errores.
d) Para saber cuáles son los datos atípicos.

11. El coeficiente de variación es:

a) El cociente entre la desviación estándar y la media, multiplicado por 100.
b) Se expresa como un porcentaje.

c) Permite al personal de laboratorio realizar con mayor facilidad comparaciones de la precisión global de dos sistemas analíticos.
d) Todas son ciertas.

12. El eje de las X de una campana de Gauss corresponde a:

a) Frecuencia de aparición de los valores.
b) Colocación ordenada de los valores de menor a mayor.
c) Colocación de los días en los que se reportan los datos.
d) Ninguna de las anteriores.

13. La exactitud:

a) La aproximación de una medida a su valor real.
b) Se expresa en forma de porcentaje.
c) Lo contrario es la inexactitud.
d) Todas son ciertas.

14. El error:

a) Es la desviación de una medida con respecto a exactitud y precisión.
b) Puede ser sistemático o aleatorio.
c) El error aleatorio es producto del azar.
d) Todas son correctas.

15. Una prueba es válida cuando:

a) Proporciona resultados similares cuando se lleva a cabo en más de una ocasión en condiciones idénticas.
b) Expresa el grado de exactitud de una medida.
c) Proporciona resultados dispares en cada prueba.
d) Ninguna de las anteriores.

16. La media, moda y media son:

a) Medidas de variabilidad.
b) Lo primero que hay que calcular.
c) Medidas de tendencia central.
d) Todas son correctas.

17. Para calcular la moda:

a) Primero hay que calcular la media.
b) Usamos el valor que aparece con más frecuencia.
c) Contamos los números que más aparecen y hacemos una media.
d) Mide la precisión de un test.

18. Los límites de control acumulados son calculados a partir de:

a) De la suma acumulada de las diferencias de los valores obtenidos en el laboratorio.
b) Las medias y desviaciones estándar.
c) Del periodo de la media acumulada.
d) Todas son correctas.

19. La sensibilidad:

a) Mide la capacidad de la prueba para descartar la enfermedad cuando no está presente.
b) Es la probabilidad de obtener un valor positivo de una prueba en un enfermo.
c) Su cálculo es VN/VN+FP.
d) Todas son falsas.

20. Cuanto más próxima es una curva ROC a la esquina superior izquierda:

a) Más alta es la exactitud global de la prueba.
b) Más baja es la exactitud de la prueba.
c) La exactitud de la prueba es media.
d) La exactitud de la prueba es parcial.

Solución al test n.º 49

1. b) La media aritmética, la mediana y la moda.

2. d) Ninguna de las respuestas es correcta.

3. c) La desviación estándar, la varianza y el coeficiente de variación.

4. d) Todas son ciertas.

5. d) Recuento de colonias en un cultivo.

6. d) Una medida de posición.

7. a) El valor de la variable que deja el 50% de los datos arriba, y el 50 % de los datos abajo.

8. a) La precisión de una serie de resultados analíticos.

9. a) Es una medida de la variabilidad de los datos.

10. c) Para conocer la propagación de errores.

11. d) Todas son ciertas.

12. b) Colocación ordenada de los valores de menor a mayor.

13. d) Todas son ciertas.

14. d) Todas son correctas.

15. b) Expresa el grado de exactitud de una medida.

16. c) Medidas de tendencia central.

17. b) Usamos el valor que aparece con más frecuencia.

18. b) Las medias y desviaciones estándar.

19. b) Es la probabilidad de obtener un valor positivo de una prueba en un enfermo.

20. a) Más alta es la exactitud global de la prueba.

TEST N.º 50

**Metodología de la investigación: técnicas cualitativas
y cuantitativas. Fuentes de datos. Estudios descriptivos y analíticos
del laboratorio. El papel del Técnico Especialista**

1. En cuanto la metodología de la investigación, las limitaciones del método científico son:

a) No tiene limitaciones.
b) El consentimiento informado de los participantes no es obligatorio.
c) Problemas morales o éticos.
d) Las opciones a) y b) son verdaderas.

2. En cuanto la metodología de la investigación, la actividad investigadora debe centrarse en:

a) Descripción o exploración.
b) Búsqueda de causalidad.
c) Asegurar la confidencialidad.
d) Todas las opciones anteriores son correctas.

3. Tomando como referencia la estructura metodológica de un trabajo científico, la búsqueda y revisión bibliográfica la podemos encuadrar en:

a) Fase preparatoria o preliminar.
b) Planificación.
c) Recogida de datos.
d) Análisis de los datos.

4. En cuanto a la estructura metodológica de un trabajo científico, el cronograma de actividades se lleva a cabo en la fase:

a) De recogida de datos.
b) De análisis e interpretación de los resultados.
c) Preliminar.
d) De planificación.

5. El estudio que evalúa la eficacia, eficiencia y efectividad del programa educacional o de salud se denomina:

a) Estudio de intervención descriptivo.
b) Estudio de Cohorte.
c) Estudio transversal.
d) Estudio prospectivo.

6. ¿En qué método de investigación se da una mayor atención al significado de los resultados y no tanto a su generalización?

a) Cuantitativo.
b) Cualitativo.
c) Semicuantitativo.
d) Semicualitativo.

7. ¿Qué técnicas de las siguientes se emplean en investigación en los estudios cualitativos?

a) Medición de variables.
b) La observación participante y las entrevistas no estructuradas.
c) Las opciones a) y b) son ciertas.
d) Nada de lo anterior se utiliza en estudios cualitativos.

8. ¿Qué cualidad de las relaciones humanas se emplea con los sujetos de estudio en los métodos cualitativos en investigación?

a) Precocidad.
b) Empatía.
c) Persuasión.
d) Tacto.

9. ¿Qué aspecto de estos no pertenece al método o paradigma cualitativo en investigación?

a) Holista.
b) Realidad dinámica.
c) Fenomenología y comprensión, observación naturalista, sin control.
d) Orientado al resultado.

10. ¿Qué método exclusivo de investigación es aquella en la que se recogen y analizan datos cuantitativos sobre variables?

a) Cuantitativo.
b) Cualitativo.
c) Semicuantitativo.
d) Semicualitativo.

11. ¿Qué técnica o método cualitativo mediante los sentidos acerca a una realidad para indagar sobre la misma, ayudados en ocasiones por instrumentos tecnológicos, tales como herramientas de audio, de vídeo, fotografía...?

a) La observación.
b) La entrevista.
c) Los grupos de discusión.
d) Los documentales.

12. ¿Cuáles son las áreas en salud más estudiadas cualitativamente desde las ciencias sociales (según Nigenda y Langer)?

a) Etnomedicina.
b) Biología y su relación con la psicología médica.
c) Alimentación e higiene en países africanos y problemas sociosanitarios derivados.
d) Son todas las anteriores.

13. ¿Qué afirmación del proceso de los estudios cualitativos no es cierta?

a) Los datos recogidos deben ser fidedignos.
b) La forma de recoger los datos debe ser metódica.
c) Los datos recogidos deben ser de calidad y relevantes.
d) El análisis de los datos consiste solo en describirlos.

14. Respecto a la investigación cualitativa todo lo que se expone es cierto, excepto:

a) La observación en este tipo de estudios es muy amplia y poco detallada.
b) Todos los aspectos del ámbito de estudio de lo observado tiene valor para entender un contexto.
c) La teoría y la práctica se van entremezclando a lo largo de la investigación, de forma que los primeros datos van generando una idea teórica a partir de la cual se continúa la búsqueda de nuevos indicios importantes según la misma.
d) Se intenta entender la situación como un todo o de forma holística.

15. ¿Qué se define como la capacidad de entender nuestros propios pensamientos y sentimientos que dan sentido a nuestras acciones?

a) Asertividad.
b) Introspección.
c) Empatía.
d) Estabilidad.

16. ¿Qué técnica del método observacional, según su estructuración, es más difícil de llevar a la práctica?

a) La muy sistematizada.
b) La ocasional o no controlada.

c) La observación no sistematizada.
d) La poco sistematizada o controlada.

17. La experimentación de campo dentro del método observacional, se denomina también observación:

a) Ocasional.
b) Muy sistematizada.
c) No sistematizada.
d) Controlada.

18. ¿Qué técnica de registro de la información en el método observacional controlado es aquella que emplea plantilla donde se registran los datos?

a) Registro narrativo.
b) Código arbitrario.
c) Método clínico.
d) Lista de datos.

19. ¿Qué entrevista es aquella en la que el investigador elabora un plan o guía sobre lo que necesita conocer del entrevistado?

a) De asesoramiento.
b) Planificada.
c) Focalizada.
d) Colectiva.

20. ¿Qué tipo de muestreo es aquella en la que queremos que haya una representación proporcional de cada grupo o estrato en que la población está dividida?

a) Aleatorio simple.
b) Aleatorio estratificado.
c) Por etapas.
d) No probabilístico.

Solución al test n.º 50

1. c) Problemas morales o éticos.

2. d) Todas las opciones anteriores son correctas.

3. a) Fase preparatoria o preliminar.

4. d) De planificación.

5. a) Estudio de intervención descriptivo.

6. b) Cualitativo.

7. b) La observación participante y las entrevistas no estructuradas.

8. b) Empatía.

9. d) Orientado al resultado.

10. a) Cuantitativo.

11. a) La observación.

12. a) Etnomedicina.

13. d) El análisis de los datos consiste solo en describirlos.

14. a) La observación en este tipo de estudios es muy amplia y poco detallada.

15. b) Introspección.

16. a) La muy sistematizada.

17. b) Sistematizada.

18. b) Código arbitrario.

19. b) Planificada.

20. b) Aleatorio estratificado.

Cómo acceder al Curso

Técnico/a Superior de Laboratorio de Diagnóstico Clínico
Test Materia Específica

El uso de los códigos **es exclusivo de los compradores de los productos de Editorial MAD**. Cada producto posee un código único y de un solo uso. Es personal e intransferible y da acceso a servicios y contenidos adicionales. Editorial MAD se reserva el derecho de hacer cuantas comprobaciones sean necesarias para identificar al legítimo poseedor del código y dejar de dar servicio a quien haga uso fraudulento del mismo, además de emprender cuantas acciones legales estime oportunas según la legislación vigente.

Deberás acceder a:

mad.es/registro-campus

Si una vez aceptadas las condiciones de uso del Campus decides hacer uso del mismo, necesitarás del siguiente código de acceso junto con los códigos del resto de títulos que se exigen (si fuera el caso):

WPEXVQGJ57